Käthe Papke / Wettergasse 18

KÄTHE PAPKE

Wettergasse 18

Eine historische Erzählung aus der Reformationszeit

CHRISTLICHES VERLAGSHAUS GMBH STUTTGART

ABCteam

Bücher, die dieses Zeichen tragen, wollen die Botschaft von Jesus Christus in unserer Zeit glaubhaft bezeugen.

ABCteam-Bücher erscheinen in folgenden Verlagen:

Aussaat Verlag Gladbeck / R. Brockhaus Verlag Wuppertal
Brunnen Verlag Gießen / Bundes Verlag Witten
Christliches Verlagshaus Stuttgart / Oncken Verlag Wuppertal
Schriftenmissions-Verlag Gladbeck

1983
61.–65. Tausend

Umschlaggestaltung: Frans Reins, Detmold
Gesamtherstellung: Druckhaus West GmbH, Stuttgart
ISBN 3-7675-3075-9

Von St. Elisabeth zu Marburg erklangen volle, tiefe Glockentöne. Hellere von St. Marien mischten sich feierlich hinein, und eilfertig bimmelte das Glöckchen von St. Kilian dazwischen. Eine Menge Andächtiger strömte in die Gotteshäuser zur Messe, aber eine noch viel größere Menge schob und drängte in den schmalen Straßen der Stadt schwatzend und lärmend durcheinander. Mehr oder weniger sah man auf allen Gesichtern Frohsinn und Freude. Ein blauer Junihimmel glänzte über dem bunten Bild, und die Nachmittagssonne vergoldete die vielen Erker und Altane der spitzgiebeligen Häuser mit ihrem hellen Schein.

Es war am Nachmittag des Samstages, der dem Fronleichnamstag folgte, und morgen sollte der Spielsonntag gefeiert werden. Dann wurden theatralische Darstellungen aus der Passions- und sonstigen biblischen Geschichte in der Kirche zu Sankt Marien aufgeführt, an denen sich besonders die Geistlichkeit beteiligte. Nach diesen Spielen fand die dritte der drei großen jährlichen Prozessionen statt, bei der alle Pracht entfaltet wurde, die nur möglich war. Kein Wunder, daß alles von nah und fern herzuströmte, um daran teilzunehmen.

Auch in den Patrizierhäusern der Stadt rüstete man eifrig für den morgigen Tag, und besonders gab es Arbeit in den Frauengemächern. Es galt, die Festgewänder herzurichten, und zumeist waren es die Jungfräulein, die mit erhitzten Wangen hantierten, gingen sie doch zu dreien und dreien in der Prozession hinter dem Muttergottesbilde, Kränze in den Haaren und brennende Kerzen in den Händen. Und wußten sie doch, daß die Junggesellen edler Geschlechter ein besonderes Auge auf diesen Teil des Zuges hatten, trotz aller Andacht. Da galt es, sich zu schmücken, und nicht nur für die lieben Heiligen allein.

Auch im Hause des hochangesehenen Kaufherrn aus edlem Geschlecht, des Schöffen Henne Gerhart, waren alle Hände in fleißiger Arbeit tätig. Hier war aber noch eine ganz besondere Ursache dazu vorhanden, erwartete man doch heute gegen Abend den einzigen Sohn und Erben des Hauses, den jungen Justus.

Zwei Jahre war er nun schon fort zum Studium der Rechtswissenschaft, zuerst in Leipzig, alsdann in Wittenberg. Mit ihm war damals Wolfgang von Breidenbach aus Biedenkopf gezogen. Von dessen Vater war Herrn Henne Gerhart vor nunmehr zwei Wochen Kunde geworden, daß man die Söhne wohl zum Spielsonntag erwarten dürfe. Ein Brief von Justus hatte es bald darauf bestätigt, und nun war gar große Freude in dem Patrizierhause auf der Wettergasse Nummer 18.

Frau Agnete, Herrn Hennes tugendsame Hausfrau aus dem alten Geschlecht derer von Twern, unterzog die Prunkräume des Hauses im unteren Stock genauer Prüfung, denn hier sollte das Gastmahl zu Ehren ihres heimgekehrten Sohnes am Sonntagabend stattfinden. Sie war eine stattliche, vornehme Erscheinung, ein herzgewinnender Ausdruck von Güte und Milde lag auf ihren regelmäßigen Zügen. Ihrem Eheherrn, Herrn Henne, hing sie mit treuer Liebe an, sein Wunsch und Wille war ihr Gesetz, und so hatte sie auch ihre beiden Kinder Justus und Hildegund erzogen. Es war diesen aber sowieso nicht schwer, den Vater bei aller Liebe zu respektieren, denn Herr Henne war ein vornehmer Charakter mit edlem Wollen und klarem Blick für das tägliche Leben.

Große Hoffnungen setzte er auf seinen Sohn Justus. Trotz dessen Liebe zur Wissenschaft hoffte er doch, ihm später das ausgedehnte Geschäft übertragen zu können, und für sein holdes Töchterlein Hildegund sah er sich zuweilen im Geist schon nach einem passenden, ebenbürtigen Freier um. Obgleich er im Ernst gar nicht daran dachte, sie bald fortzulassen.

Seine Mitbürger schätzten und achteten ihn, sein Rat galt bei den zwölf Schöffen und den Ratsvierern, die über das Wohl und Wehe der Stadt zu wachen hatten, sowie bei dem jeweiligen Bürgermeister sehr viel.

An diesem Samstag gegen Abend stand er mit dem Bürgermeister, Herrn Heinrich Werner, auf dem Marktplatz und sprach mit ihm über den Bau des Rathauses, der 1512 begonnen hatte. Heuer schrieb man Anno Domini 1516.

Beständig hatten die beiden Männer ehrfürchtigen Grüßen zu danken, nun wandten sie sich langsam und schritten der Barfüßerstraße zu. Schon von weitem hatte sie der große, schlanke Mann gesehen, der ihnen auf der anderen Seite entgegenkam. Faltig hing die braune Franziskanerkutte um seine Glieder, durchdringend lag der scharfe Blick seiner dunklen Augen auf Herrn Hennes Gesicht. Er preßte ein wenig die Lippen zusammen, dann ging ein Zug von Wehmut über seine ausdrucksvollen Züge. Aber nur einen Augenblick lang. Mit völlig gleichmütigem Blick und freundlichem Lächeln kam er jetzt auf die Männer zu. „Gelobt sei Jesus Christus", grüßte er.

„In Ewigkeit, Amen", entgegneten die beiden, und Herr Heinrich Werner fügte hinzu: „Habt gewiß noch gar mancherlei zu besorgen, Pater Nikolaus, der Tag morgen stellt Ansprüche."

„Die letzten Tage stellten allerlei Ansprüche", entgegnete der Mönch, „solche Feste und Feiern, so erhebend und notwendig sie sind, erfordern viel Kraft."

Gerhart nickte. „Die Vorbereitungen sind allemal das meiste daran. Doch Ihr seht blaß aus, Herr Pater, und wie mir scheinen will, seid Ihr auch ein wenig magerer geworden." Prüfend glitt sein Blick über den vor ihm Stehenden.

Der lächelte leicht. „Nichts von Bedeutung, liebwerter Herr! Übrigens wollte ich gerade Euer Haus heimsuchen. Treffe ich das Fräulein von Twern daheim?"

„Muhme Magdalene? Ja, sie war daheim, als ich fortging,

und wird es noch sein, vermeine ich. Verstattet im übrigen, Herr Pater, daß ich Euch freundlich bitte, am morgenden Abend unser Gast zu sein. Mein Sohn Justus kehrt heim, und solch Ereignis soll gefeiert werden."

Pater Nikolaus neigte dankend den Kopf. „Eurer Einladung weiß ich Dank, Herr Gerhart, und gerne komme ich, wenn ich nicht zu ermüdet nach des Tages Anstrengung sein werde."

Sie trennten sich mit freundlichen Grüßen.

„Ein trefflicher Mann", sprach der Bürgermeister im Weitergehen, „so wir viele von solchen hätten, stünde es besser um unsere heilige Kirche, als es steht."

„Auch ich hab' ihn gerne", entgegnete Henne Gerhart, „mir gefällt sein Eifer ums Heilige, wenn er auch manchmal schier ein wenig zu weit darin geht."

„Zudem ist er ein gar gelehrter Mann und wohl der Klügste im ganzen Konvent", erwiderte Herr Werner.

„Das ist er", nickte Herr Henne eifrig, „und ich hab' ihn auch gerne bei geselligen Zusammenkünften. Seine Unterhaltung ist geistreich, er versteht zu fesseln. In der letzten Zeit aber scheint er des Guten mit Bußübungen zuviel zu tun, er sieht nicht so aus wie sonst. Auch habe ich mit Teilnahme etliche Male beobachtet, daß ein müder, trauriger Zug auf seinem Gesicht lag, da er sich unbeobachtet glaubte."

„Ist solches zu verwundern, liebwerter Freund?" sagte der Bürgermeister sinnend. „Mir scheint der Priesterstand der schwerste. Denkt, was es da zu entsagen gilt! Und am Ende bleiben alle Gottgeweihte dennoch nur Menschen."

„Ja, ja!" rief Herr Henne. „Wie oft hat mich schon ein tief Bedauern dieserhalb mit ihnen gefaßt. Zu was für schlimmen Dingen ist es da schon gekommen, wir wissen leider genug davon. Um so mehr ist solch ein Mann wie Nikolaus Ferber zu schätzen mit seinem strengen Leben und seiner Gewissenhaftigkeit. Das Franziskanerkloster hat nach allen Seiten unter ihm gewonnen."

Sie waren am Hause des Schöffen Herrn Siffurt Swobe angelangt, der sie erwartet zu haben schien, und bald saßen sie in vertrauter Rede in seinem Arbeitsgemach zusammen.

Inzwischen hatte Pater Nikolaus seinen Weg fortgesetzt. Je näher er dem schönen Hause auf der Wettergasse kam, je langsamer wurde sein Schritt. Fast schreckte er zusammen, als der schwere Messingklopfer, mit lautem Schlag seiner Hand entgleitend, Einlaß forderte. Aber dann ging er mit einem Segenswort an der Magd vorüber, die ihm öffnete, und schritt die deckenbelegten Treppen ins zweite Stockwerk hinauf wie einer, der den Weg genau kannte.

Auf sein Pochen an einer Türe in der großen Diele oben öffnete ihm eine mittelgroße Frauengestalt.

„Ah, Ihr seid es, Pater Nikolaus! Tretet ein! Ich dachte mir, daß Ihr heute kommen würdet." Sie schloß die Türe hinter ihm und deutete auf einen Sessel. „Nehmt Platz, ich habe ein wenig freie Zeit nach dem Mancherlei des Tages."

Der Mönch setzte sich und legte beide Arme auf die Lehnen des geschnitzten Sessels. Er hatte noch kein Wort gesprochen. Sein Blick glitt durch das trauliche Gemach mit seinen Teppichen und Decken, den weichen Polstern und dem schönen kleinen Altar im Hintergrund, von dem die heilige Elisabeth mit mildem Lächeln herniederschaute. Nun blieb er auf dem freundlichen Antlitz der ihm gegenübersitzenden Frau haften, und leise sagte der Pater: „Ich mußte heute kommen, Muhme Magdalene."

Sie nickte nur. Wieder schwiegen beide.

„Wo ist Eyla?" fragte er nach einiger Zeit.

„Im Garten. Sie pflückt mit Hildegund zusammen Blumen zum Schmuck der Zimmer für den morgigen Tag."

„Ja, morgen wird sie einundzwanzig Jahre alt, Muhme Magdalene." Er stützte den Kopf auf, ein gequälter Ausdruck trat in die etwas scharfen, aber edlen Züge des Mannes. Er mochte Ende der Vierzig sein, sah jetzt aber bedeutend älter aus.

„Ja, einundzwanzig Jahre“, entgegnete Fräulein von Twern, und über ihr Gesicht glitt ein Zug tiefer Wehmut. „Ihr scheinet die Welt im Sonnenschein lachend dazuliegen, und sie ahnt nicht, daß sie nahe davorsteht, mit dem Leben abschließen zu müssen.“

„Nennet es nimmer so, Muhme“, sprach der Mönch eifrig, „wir führen im Kloster kein so abgeschlossen Leben.“

Ein bitteres Lächeln, halb gemischt mit Spott, umspielte ihren Mund. Der Pater sprach nicht weiter.

„Ich weiß es, leider“, sagte sie dann ruhig, „aber bei den Nonnen ist's doch noch etwas anderes als bei euch Mönchen. Wie dem auch sei, morgen muß sie erfahren, wozu sie lebt — mein armes Kind!“

Fräulein von Twern legte die Hand über die Augen, in die Tränen getreten waren.

„Nein“, rief der Mönch, „sie soll es noch nicht erfahren! Ich bin gekommen, Euch zu bitten, schweigt noch, laßt sie noch ein halbes Jahr ihre Jugend genießen. Dann mag sie den Schleier nehmen.“

Erstaunt sah die Muhme auf. „Solches wünscht Ihr, Pater Nikolaus?“ fragte sie mit eigentümlicher Betonung.

Traurig sah er sie an. „Ja, Muhme, ich!“

Da atmete sie tief auf. „Also eine kurze Frist ist ihr noch gegeben? Es sei, wie Ihr wollt.“

Er stand auf und zog aus der Kutte einen silbernen Rosenkranz. „Herr Henne lud mich zu morgen abend ein, ob ich kommen werde, ist noch nicht gewiß. Deswegen gebt Eyla diesen Rosenkranz morgen früh mit einem Segenswunsch.“

Muhme Magdalene nickte und geleitete den Mönch zur Türe. Als er fort war, trat sie zu dem kleinen Altar und sah lange in die milden Züge der heiligen Elisabeth. „Ist dieser Aufschub die vorläufige Erhörung meiner Gebete um Eyla?“ sprach sie leise. „O Gott, wer mir Klarheit gäbe! Ist's überhaupt recht, zu bitten, daß sie vor diesem Geschick bewahrt bleibt? War's nicht ihrer unglücklichen Mutter Gelübde, daß sie den Schleier nähme? Können aber die Heiligen solch Opfer einer Menschenseele annehmen, so unschuldig ist an der Vergangenheit? Noch dazu an der Vergangenheit der unglücklichen Eltern! Nimmer könnt' ich's verstehen, und was sich seit Jahren in mir regt, fühl' ich heute mehr denn je: Hart und lieblos würde ich solches von ihnen heißen!"

Sie schlug wie im Schreck über ihre eigenen Worte die Hände vors Gesicht. „O Magdalene von Twern, wohin verirrst du dich! Wozu treibt dich die Liebe zu dem Kinde! Du hast nichts weiter zu tun als deine Pflicht, und die ist, sie für's Kloster zu erziehen. In allem anderen hast du zu schweigen und dich nimmer in deinem Glauben an die Heiligen beirren zu lassen, ob auch dein ganzes Inneres sich tausendmal dagegen aufbäumt."

Seufzend ging sie ins Nebenzimmer. Der erste Blick verriet, daß es einem Jungfräulein gehörte. Allerlei Kleinigkeiten lagen und standen in dem hübsch ausgestatteten Gemach umher, am geöffneten Fenster im Erker blühten mehrere Blumenstöcke, und der Blick schweifte hinaus zu den lieblichen Lahnbergen drüben. Hier wohnte Eyla von Twern, Fräulein Magdalenes Großnichte. Liebevoll glitten die Blicke der Muhme durch den Raum und blieben an dem duftigen, weißen Festgewande haften, das auf einer Bank ausgebreitet lag. Wie hübsch würde Eyla wieder darin aussehen, wie gut würde die breite, goldgestickte Borte an dem Halsausschnitt zu des Mägdleins brauner schwerer Flechtenkrone passen! Wieder seufzte die Muhme auf. Ja, Eyla war hübsch, sehr hübsch sogar, aber was nützte es ihr! Ihre Schönheit gehörte dem Kloster. Doch nun fort mit allen trüben Gedanken! Sie hörte Eylas Stimme auf der Treppe. Frohgemut kam diese mit ihrer Base Hildegund ins Zimmer, beide Hände voll Rosen. „Seht nur, Muhme", rief sie heiter, „ist's nicht eine Pracht? Alle Räume unten schmückten wir für den morgigen Abend, und dies blieb übrig für uns hier oben."

„Wie schön", entgegnete die Muhme mit freundlichem Gesicht, der niemand trübe Gedanken angemerkt hätte, „da haben wir ja den ganzen Sommer im Zimmer."

„Muhme, Eyla soll für morgen abend rote Rosen zum Schmuck wählen", sprach Hildegund, eine liebliche Blondine, dazwischen, „aber sie will nicht, sie will die weißen. Und die möchte ich haben."

„Keine von euch soll weiße Rosen tragen", entgegnete die Muhme lächelnd, „denn weiße Rosen bedeuten Entsagung. Wollt ihr das?"

„Denke nicht daran", lachte Eyla auf, „also gut, ich will rote, und Hilde hat ihren Willen wieder durchgesetzt. Aber du, Kleines, nimmst rosa Rosen!"

Hildegund lächelte schelmisch. „Ich nehme doch die weißen, trotz Eurer Warnung, Muhme."

„Nimm sie nur", nickte diese gütig, „du tust recht daran, nichts auf dergleichen zu geben. Ist solches auch nur ein Scherz."

„Oh, Hildegund weiß, sie passen am besten zu ihren blauen Augen", sagte Eyla anscheinend ernsthaft.

„Du Übermut", rief das Mädchen und warf ihr eine Rose zu, „aber warte, ich verklage dich gleich heute abend bei Justus, und —", sie konnte nicht vollenden, Eyla ergriff ihre Hand und sah sie bittend an, so daß Hildegund erstaunt schwieg.

Die Muhme hatte sich zum Fenster gewandt und nicht auf die Mädchen geachtet. Ein unmerklicher Atemzug hob ihre Brust. Ob Eyla rote oder weiße Rosen wählte, ihr blieb doch nur die Entsagung, während vor Hildegund, der einzigen Tochter des hochangesehenen und reichen Herrn Gerhart, das Leben in seiner ganzen Schönheit und mit all seinen Gaben lag. Aber Mißgunst war ihr ganz fern, dazu liebte sie auch Hildegund viel zu sehr.

„Muhme, das Nachtessen ist bald fertig", tönte Hildegunds weiche Stimme in ihre Gedanken hinein.

„Ich komme – wie hübsch ihr alles geschmückt habt", entgegnete sie mit einem Blick auf all die Rosen in Schalen und Vasen, „ist's unten ebenso, dann sieht Justus gleich deutlich die Freude über seine Heimkehr." – Damit schritt sie den Mädchen voran und zum Eßzimmer hinunter.

Von Viertelstunde zu Viertelstunde wartete die Familie auf den Sohn des Hauses. Indes, der Abend verrann und der Ersehnte kam nicht. Man saß im Hausgarten beisammen, sprach vom bevorstehenden Fest und lauschte dabei auf jedes Geräusch, bis das Horn des Wächters die zehnte Stunde kündete.

„Er kommt heute nicht mehr", sagte Herr Henne und erhob sich, „laßt uns zur Ruhe gehen. Morgen ist er sicherlich hier." Die Familie trennte sich mit herzlichem Gutenachtgruß, und bald lag das Haus in tiefer Ruhe da.

Am geöffneten Fenster ihres Mädchenstübchens saß Eyla, hatte lässig die Hände über die Knie gefaltet und blickte träumend zum klaren Nachthimmel auf. Immer wieder gedachte sie jener Stunde, da Justus vor mehr als zwei Jahren, als er Abschied nahm, zu ihr in die Fliederlaube im Garten gekommen war, wo sie mit einer Arbeit gesessen hatte. Ihr war so schwer und bang an dem Tag zumute, so, als ob die Sonne plötzlich nicht mehr ihren goldenen Glanz hätte. Da kam Justus. Und als er so unerwartet vor ihr stand, wußte sie plötzlich, warum ihr so schwer und bang ums Herz war.

Die Arbeit entglitt ihren Händen, hastig bückte sie sich, um sie aufzunehmen. Da setzte er sich neben sie, nahm ihre Hände, sah ihr mit den klugen, grauen Augen, dem Erbteil seines Vaters, tief in die ihren und sagte leise: „Eyla, so ich wiederkehre, willst du mir alsdann mehr sein denn nur eine Base entfernter Verwandtschaft?"

Was sie ihm darauf geantwortet hatte, wußte sie nicht, auch nicht, ob sie überhaupt etwas gesagt hatte, aber er mußte wohl in ihren Augen genug gelesen haben, denn er hatte sie innig an sein Herz genommen und einen Kuß auf ihre Lippen gedrückt.

„Nun bist du meine Braut, Eyla", sagte er innig, „und nun harre meiner in Treue! Schweige auch vorläufig noch zu jedem."

Und sie hatte jubelnd geantwortet: „Ich harre deiner in unwandelbarer Treue und warte." So waren sie geschieden, und nun war die Trennung vorüber, er kam zurück. Nun sollten bald alle wissen, wie glücklich sie war! Ihre Seele spann Träume, und die Sehnsucht wob goldene Sterne darein.

Auch die Muhme lag in ihrem Schlafgemach mit geöffneten Augen. Ihre Seele war zurückgegangen auf ihrem Lebenswege, einundzwanzig Jahre zurück. Damals wie heute ein milder, warmer Juniabend, sie aber hielt, fern von Marburg, das ringende, junge Weib in ihren Armen, dessen Abbild Eyla geworden war. Mit letzter, versagender Kraft gab sie ihrem Kinde in diesen Nachtstunden das Leben, und noch mit brechenden Augen flehte sie: „Haltet mein Gelübde an meiner Statt, Muhme, ich fände sonst nimmer Ruhe in der Erde um meine Schuld. Und ihm sagt meinen letzten Gruß! Seine Liebe war mein ganzes Glück – und ob sie Sünde war! Die schmerzensreiche Gottesmutter wird mir vergeben, sie ist so mild und an Erbarmen reich, ach, anders, denn die Menschen sind!"

Als die Morgensonne ins Fenster schien, glitten ihre Strahlen liebkosend über ein schönes, marmorweißes Antlitz, auf dem Frieden und Ruhe lagen. Im Zimmer nebenan aber beugte sich Magdalene von Twern mit Tränen im Auge über das junge Menschenknösplein, das dem Leben entgegenschlummerte, nichts ahnend von dem Leid und der Last des Lebens. –

Auch Frau Agnete Gerhart floh der Schlummer in diesen Nachtstunden. Ihr Gemahl schlief schon lange und ruhig, sie aber hatte mit stolzer Freude ihres Sohnes gedacht, der jetzt heimkehren sollte. Wie glücklich würde sich nun das Leben in dem schönen Hause im trauten Familienkreise gestalten! Ein Schatten nur fiel in alle Freude. Eylas Bild trat ihr vor Augen. Und plötzlich fiel ihr ein, wie das Mädchen heute über und über errötete, wie ihre Augen strahlten, als von Justus gesprochen wurde. In heißem Schreck richtete sie sich rasch auf und schlang die Hände ineinander. Um der Heiligen willen, nein, nein, sie hatte sich getäuscht, mußte sich täuschen, es konnte, es durfte ja nicht anders sein! Aber doch war ihr plötzlich zumute, als ziehe von irgendwoher ein Wetter an ihrem Lebenshimmel auf, ein Wetter ähnlich demjenigen, das vor langen Jahren in ihr Vaterhaus eingeschlagen hatte.

Es litt Frau Agnete nicht mehr auf ihrem Lager, sie erhob sich, schlang ein Tuch um ihre Schultern, setzte sich in einen Sessel, und nun ging ihre Seele den gleichen Weg zurück, den Muhme Magdalene gegangen war, und ging noch weiter ...

Sie sah sich als sorgloses Kind mit ihrer um drei Jahre jüngeren Schwester Eyla im Hause ihres Vaters, des hochangesehenen Schöffen Herrn Hermann von Twern, aufwachsen, treulich behütet von Elternliebe und Fürsorge. Als die sehr zarte Mutter ihre Augen für immer schloß, kam sofort des Vaters einzige Schwester Magdalene ins Haus und übernahm mit sicherer Hand die Leitung des Hauswesens und die Erziehung der Kinder. So folgte auf die sonnige Kindheit eine ebenso sonnige Jugendzeit, bis Herr Henne Gerhart sich Agnete als Hausfrau erwählte. Für sie hatte hiermit das Glück seine goldenen Pforten weit geöffnet, liebte sie doch ihren Gemahl mit ganzer Seele. Daß Eyla, ihre schöne, junge Schwester, sie oft mit sehnsüchtigem Blick ansah, bemerkte sie nicht. Sie sah auch nicht, daß Eyla schmäler und blässer, aber gerade dadurch noch schöner wurde. Sie ging wie im Traume den Weg ins Wunderland der Liebe, bis sie ihren Erstgeborenen, Justus, im Arme hielt.

Bald nach dieser Zeit machte die Muhme ihr zum erstenmal Andeutungen, daß Eyla verändert wäre. Oft zeigte sie hinreißenden Übermut, dann wieder träumte sie stundenlang vor sich hin. Zur Messe ging sie täglich, und einmal überraschte sie die Muhme sogar mit dem Gedanken, den Schleier nehmen zu wollen. Frau Agnete wußte noch wie heute, daß sie damals herzlich gelacht hatte, bis kaum ein halbes Jahr später die Muhme einen Boten zu ihr sandte und sie schnellstens zu sich rufen ließ.

Als sie in ihr Elternhaus kam, flüsterte die alte Magd ihr zu, Eyla sei plötzlich krank geworden. Im Wohnzimmer fand sie die Schwester todesblaß auf einem Ruhebett liegen, und die Muhme kam ihr mit verstörtem Gesicht entgegen.

„Was ist mit Eyla?" rief sie angstvoll. Da nahm Muhme Magdalene sie rasch bei der Hand und führte sie ins Nebengemach. Ein paar Worte nur, laut schrie Agnete auf „Wer — wer — ist der Ehrlose —", um dann nach einigen weiteren erschreckten Worten wie von einem Schlage getroffen zurückzutaumeln.

Frau Agnete hüllte sich fester in ihr Tuch, noch heute bebte sie, wenn sie an den Jammer jener Stunden dachte.

Da stand plötzlich die Schwester vor ihr. „Agnete, willst auch du mich verdammen, wie der Vater? Grund habt ihr ja freilich, aber sei du milde! Denke daran, du durftest dem Mann deiner Liebe folgen — ich nicht, er darf nie die Hand nach mir ausstrecken! Und dennoch sind auch wir nur Menschen, Menschen mit heißem Herzen, mit demselben Anrecht auf Glück und Liebe wie Henne Gerhart und du — und unsere Liebe ist wohl höher, tiefer als die eure, denn sie durchbrach alle Schranken! Ja, Agnete, verdamme mich, aber dennoch — ich freue mich auf mein Kind, das das seine ist." Und doch sank sie qualvoll stöhnend dabei zu Boden.

Da hatte ein heißes Erbarmen Agnete erfaßt. Sie strich der Schwester über das Gesicht, und indes bittere Tränen ihr aus den Augen liefen, sagte sie leise: „Ich verdamme dich nicht,

Eyla, nur muß ich Zeit haben, mich in das so Schreckliche zu finden."

Mit einem Aufschrei hatte die Schwester sie umschlungen und war in herzerschütterndes Weinen ausgebrochen. Sanft nahm die Muhme sie in die Arme. „So ist's gut, mein Kind, nun weine dich aus, du aber, Agnete, geh zum Vater und suche ihn zu trösten."

Ach, der Vater! Als Agnete zu ihm in sein Arbeitsgemach kam, fand sie einen fast gebrochenen Mann vor. Sie umschlang ihn und strich immer wieder wortlos über sein weißes Haar. Er ließ es still geschehen. Nur einmal flüsterte er: „Das überlebe ich nimmer." Endlich gelang es ihr, ihn etwas zu beruhigen, aber auf ihre Bitten, Eyla ein vergebendes Wort zu sagen, hatte er nur ein schroffes Nein.

Endlich kam auch Muhme Magdalene herein, um erst einmal mit ihrem Bruder und Agnete zu besprechen, wie die Sache geheimgehalten werden könne und nicht solche bitteren Folgen für die hochangesehene Familie hätte. Das Mädchen müsse fort, je eher, je besser, erklärte sie, und sie wolle sie begleiten. Aber niemand sollte irgend etwas ahnen oder erfahren. Eyla sei erkrankt, sollte es heißen. Auch Henne Gerhart, der Schwiegersohn des Hauses, durfte nichts anderes wissen, und schweren Herzens willigte Agnete ein, zu ihrem Gemahl zu schweigen.

Frau Agnete schüttelte sich, als sie an die Kämpfe jener Zeit dachte, die sie durchzumachen hatte in dem Bewußtsein, ein Geheimnis vor ihrem Mann zu haben. Aber sie gewöhnte sich daran. Er wußte bis heute noch nicht die Wahrheit.

Wie dankbar waren der Vater und sie, als Muhme Magdalene ihnen am anderen Tage einen Plan vorlegte, den sie gefaßt hatte. Sie wollte mit Eyla nach Eisenach gehen. Dort kannte sie jemand. Später, wenn alles glücklich vorüber war, wollten sie wiederkommen, und noch später konnte das Kind, als Kind entfernter, verstorbener Verwandter geltend, nach Marburg geholt und erzogen werden.

Nach acht Tagen stand der Reisewagen vor der Tür. Bis dahin hatte der Vater seine Tochter nicht sehen wollen, nun aber gab er Agnetes Bitten nach und rief sie zu sich herein. Sie sank ihm wortlos zu Füßen. Da hob er sie auf, küßte sie auf die Stirne und sagte mit zitternder Stimme: „Ich vergebe dir, die Heiligen seien mit dir!" Als Eyla von ihr Abschied nahm, sah sie ihre Schwester Agnete mit einem langen Blick tiefer Trauer an. „Leb wohl", flüsterte sie dann, „bete täglich ein ‚Ave Maria' für mich und sorge gut für mein Kindlein."

Es war das letztemal, daß sie ihre schöne, unglückliche Schwester gesehen hatte. Spärlich kamen Nachrichten aus Eisenach, endlich als letzte, daß Eyla gestorben wäre. Ein Bote hatte sie zu Agnete gebracht, zagend ging sie damit zu ihrem Vater. Wohl durchlief ein Beben seine gebeugte Gestalt, dann aber sagte er leise: „Es ist gut so, die lieben Heiligen meinten es gut mit uns."

Etliche Wochen später kam die Muhme heim. Sie erzählte, wie Eylas Liebe zu dem Vater ihres Kindes unverändert geblieben wäre, daß sie aber doch die Größe ihrer Schuld ganz eingesehen habe. Eines Tages sei sie zu der Muhme gekommen und habe ihr feierlich erklärt, sie habe der Heiligen Jungfrau das Gelübde abgelegt, daß ihr Kindlein, ganz gleich ob Sohn oder Tochter, vom einundzwanzigsten Lebensjahr ab dem Kloster geweiht sein solle zur Sühne für der Eltern Schuld. Mit hellem Erschrecken hatte die Muhme sie angesehen. Was konnte dies für des Kindes Lebensweg alles im Gefolge haben! Rückgängig zu machen war das Gelübde aber nicht mehr, Eyla hatte es einem Franziskanerpriester in die Hand abgelegt.

Dann kam das letzte. Nun ruhte sie dort allein und unbekannt auf dem Eisenacher Gottesacker. Klein Eyla war für ein Jahr in einer Familie untergebracht worden, dann holte die Muhme das Kind nach Marburg, und es galt als die Tochter einer entfernten verstorbenen Verwandten. Mit der

Kleinen aber kam Sonnenschein ins Haus. Der Großvater gab sich stundenlang mit ihr ab, und man hörte ihn sogar wieder bei ihren drolligen Einfällen lachen.

Als Eyla vier Jahre alt war, starb Hermann von Twern, und nun siedelte Muhme Magdalene mit dem Mägdlein auf Agnetes und Herrn Hennes Anerbieten zu ihnen über in das schöne, große Haus auf der Wettergasse Nr. 18. So wuchs Eyla heran zusammen mit Justus, der etliche Jahre älter war als sie, und der lieblichen blonden Hildegund. Niemand ahnte ihre wahre Herkunft, nur einer wußte noch davon, und das war Pater Nikolaus Ferber, der Franziskanerguardian, der sich eines guten Rufes und angesehener Meinung in Marburg erfreute. Ihm hatte jener Franziskaner in Eisenach Kunde gesandt von dem Gelübde der abgeschiedenen Eyla von Twern, sehr zum Ärger und Mißfallen Fräulein Magdalenes und Frau Agnetes. Aber zu ändern war daran nichts, und der Verschwiegenheit des Paters waren sie völlig sicher. Jetzt hatte gerade er Eyla noch ein halbes Jahr Frist gegeben, ehe sie ins Kloster eintreten mußte. Noch ein halbes Jahr! Agnete freute sich für Eyla. Sie liebte das schöne Mädchen, das so sehr der Mutter glich, zärtlich. Was aber nützte das halbe Jahr?

Ein kühler Nachtwind strich durch das offene Fenster über Frau Agnete hin, sie schauerte zusammen, erhob sich und ging leise ins Nebenzimmer. Eine ewige Lampe vor dem Hausaltar in der Ecke verbreitete eine matte Helle. Frau Agnete warf sich dort nieder und brachte das Schicksal Eylas in stillem Flehen vor die Heilige Jungfrau. Bei dem gläubigen Gebet wurde ihr erregtes Gemüt ruhiger, so daß sie sehr bald die ersehnte Ruhe fand.

„Wir müssen scharf zureiten, Wolfgang, so wir noch zum Beginn der Prozession in Marburg sein wollen. 's ist mir leid, daß unsere Ankunft nicht eher geschehen konnte."

„Mir auch, aber solches läßt sich nimmer ändern. In

einer Stunde sind wir jetzt da. Wie schön ist's, die Heimat zu grüßen, Just!"

„So schön, daß ich laut hinausjauchzen möchte!" rief dieser und schwenkte den Hut mit der Feder hoch in die Luft.

Wolfgang lachte. „Das laute Hinausjauchzen gilt wohl weniger der Heimat als dem — oder besser der —, die in der Heimat ist", sagte er schalkhaft.

Auch Justus lachte auf, seine Augen strahlten. „Eyla! O wie ich mich freue, Wolf! Wie gut von deinem Vater, daß er uns die Pferde mit den Knechten bis Gießen entgegensandte. Sonst wären wir vielleicht erst heute am Abend in Marburg gewesen."

Es waren zwei kräftige, schlank gewachsene junge Männer, die sicher auf den schnell ausgreifenden Pferden saßen. In einiger Entfernung folgten etliche Knechte, ebenfalls zu Pferde, die die Mantelsäcke der Herren mit sich führten.

Justus Gerhart, der jüngere der beiden Reiter, trug ein grünes Samtwams mit kurzem Mantel darüber. An der Spitze des Gürtels hing ein kleiner Dolch. Er glich seinem Vater, hatte denselben klaren Blick und die edle Gesichtsform. Sein Gefährte, der etliche Jahre ältere Wolfgang von Breidenbach aus Biedenkopf, war ähnlich gekleidet. Auf seinem schönen, männlichen Gesicht lag im Gegensatz zu Justs sonniger Heiterkeit meist ein sinnender Ernst, aber seine blauen Augen hatten einen herzgewinnenden Blick voll Freundlichkeit. Eine innige Freundschaft verband ihn mit Justus Gerhart, und durch diese Freundschaft hatten sich auch die Väter kennengelernt. So hatten die jungen Leute es auch als selbstverständlich genommen, als die Knechte ihnen mitteilten, daß Herr Johann von Breidenbach seinen Sohn in Marburg im Hause des Herrn Gerhart erwarten werde.

Sie waren ein tüchtig Stück vorwärtsgekommen auf der breiten Heerstraße, die von Gießen nach Marburg führt. Das Gespräch hatte eine Weile gestockt. Plötzlich fragte

Wolfgang: „Meine Gedanken weilen noch in Wittenberg. Ich befürchte, mir werden die Vorlesungen des Doktor Luther gar sehr fehlen. Weißt du auch, daß wir beide mehr den theologischen Vorlesungen zuhörten, denn den juristischen? Ist aber nicht zu verwundern, wenn man nur einmal den Luther gehört hat."

Justus lachte. „Wollen nur unsere Versäumnis in der heiligen Jura den Herren Vätern verschweigen! Könnten sonst unliebsame Vorlesungen noch hier zu Hause stattfinden! Wahr ist's aber, ein so schlicht Mönchlein der Luther auch ist, Augen hat er, die schier auf den Grund der Seele schauen! Ich hätt' wohl gerne mal mit ihm in persona längere Zwiesprach' gepflogen, aber es hätt' ihn doch baß verwundert, würd' er solch Ansinnen von mir als Rechtsgelehrtem erfahren haben."

„Seine Lehre ist anders, als man sie sonst beim Auslegen des Wortes Gottes vernimmt", sagte Wolfgang sinnend. „Zuweilen ist mir schon der Gedanke gekommen, man könne sich bei ihm noch allerlei Wunderbares versehen. Jedenfalls habe ich eine andere Meinung vom Glauben und von den Gottesdiensten bekommen."

Nun war auch Justus ernst geworden. „Gerad' so wie ich, Wolfgang", entgegnete er; „wahrlich, wenn man solche Lehrer allerort hätte, wie die Augustiner in Wittenberg einen in Bruder Martin haben, es könnte einen die Lust anwandeln, zu ihnen zu gehören. Ich muß immer wieder an seine letzten Reden über das heilige Gebet unseres hochgelobten Herrn denken. Leider ist mir manches unklar geblieben, dieweil wir allzubald fort mußten, da Zeit und Geld am Ende waren."

„Es gab auch keinen schicklichen Grund zum längeren Bleiben", meinte Wolfgang mit leisem Seufzer, „unsere juristischen Studien waren ja auch nur, der Form zu genügen. Weder du bedarfst ihrer als Kaufherr und einstiger Schöffe in Marburg, noch ich als Burgherr von Biedenkopf. Aber — wir haben studiert und ein Stück Welt gesehen, das genügt! Wenigstens für viele Leute."

„Mit dem Stück Welt, das ich sah, bin ich noch lange nicht zufrieden", lachte nun wieder Justus heiter, „und ich glaube, du auch nicht. Ich habe vor, noch manche Reise zu machen, und du, mein Wölfchen, wirst als tapferer Herr von Biedenkopf auch gar manchen Zug mittun. Doch sieh, dort ragen Marburgs Türme auf — Heimat, sei mir gegrüßt!"

Jubelnd schwenkte er den Hut, sie faßten die Zügel fester und jagten dahin, dem Ziele zu. Bald waren sie am Lahntor, sprangen ab und warfen den Knechten die Zügel zu, dann eilten sie zur Stadt hinein. Die Prozession mußte schon begonnen haben, sämtliche Glocken von allen Kirchen und Kapellen läuteten, und die jungen Leute drängten sich durch die Menge des Volkes zum Dominikanerkloster, wohin die Prozession vom Deutschen Hause durch den Bilchenstein* kam, um sich ihr dort anzuschließen.

Es dauerte auch nur wenige Minuten, da hörten sie schon die Musik, und der prächtige Zug wurde sichtbar. Voran gingen die Spielleute und vier Stadtknechte mit brennenden Kerzen, dann wurde inmitten der Geistlichen das heilige Sakrament in seiner silbernen Monstranz getragen, und die Ratsvierer hielten darüber an Stangen einen kostbaren „Damaßcat-Teppich", wie die Chroniken melden. Auf beiden Seiten gingen Stadtwächter mit brennenden Kerzen in den Händen, dann schloß sich die Welt- und Ordensgeistlichkeit mit viel Fahnen und vergoldeten Kerzen an.

Voller Andacht und hingerissen von dem Glanz, hatten auch die beiden Freunde beim Herannahen des Sakramentes die Knie gebeugt, nun aber betrachteten sie den Zug und warteten auf den Schluß, um sich anschließen zu können.

Hinter der Geistlichkeit schritt der ganze Rat, und Justus sah auch seinen Vater darunter. Ebenso bemerkte Wolfgang den seinen unter den Edelleuten und Rittern, die hinter dem Rat hergingen. Es folgten die Laienbrüder und Zünfte mit ihren Emblemen und Kerzen, und nun kam der Teil des Zuges, auf den Justus mit Herzklopfen wartete. Hinter einem wunderschönen Muttergottesbildnis, über dem ein prachtvoller Baldachin getragen wurde, kamen die Edelfräulein und Töchter der Stadt zu je drei und drei in weißen Kleidern, brennende Kerzen und Lilien in den Händen. Es war ein entzückender Anblick von jungfräulicher Lieblichkeit und Schönheit. Kein Wunder, daß die Junker der Stadt und Umgegend diesem Teil der Prozession ihre allergrößte Aufmerksamkeit widmeten, ehe sie sich anschlossen!

Unter den vielen lieblichen Gestalten, die mit sittsam gesenktem Blick dahinschritten, suchte Justus nur eine und hatte sie auch gleich in der dritten Reihe entdeckt. Das schöne Gesicht sah ein wenig blaß aus, es schien wie leise Trauer darauf zu liegen. Eyla trug den Kopf etwas gesenkt, fast schien es, als seien die braunen Flechten zu schwer für sie. Was war es aber, daß sie plötzlich den Kopf heben und zur Seite schauen mußte? Im nächsten Augenblick hatte sie ihn wieder gesenkt, doch errötete sie gleichzeitig und strahlte vor Freude.

Auch Wolfgang betrachtete mit Interesse diesen Teil des Zuges. Er hatte Eyla ebenfalls sofort erkannt, aber bei weitem mehr fesselte ihn die schlanke, zarte Blondine, die neben ihr ging. Und was war es bei dieser, daß auch sie, wie durch magische Gewalt gezwungen, den Blick zur Seite wenden mußte?

Sekundenlang tauchten zwei Augenpaare ineinander, dann blickten sie verwirrt auf das Marienbild, Wolf aber preßte Justs Arm. „Wer ist es, die neben Eyla geht?"

„Au — was hast du? — Wer? Neben Eyla? Das ist mein Schwesterlein! Doch komm, wir wollen uns anschließen!" Und mit den anderen drängten und schoben sie sich in die Dominikanerkirche hinein.

Und weiter ging der Zug nach kurzer Andacht und berührte sämtliche Klöster und Kirchen, bis er wieder in der

Pfarrkirche angelangt war. Stumm schritten die Freunde nebeneinander her, jeder mit seinen Gedanken beschäftigt. Mehr als einmal fragte sich Wolfgang, was Doktor Luther wohl über diesen Pomp, diese Pracht sagen würde, aber mehr als dies stand bei ihm ein stilles Freuen auf das Fest heute abend im Hause des Herrn Henne Gerhart im Vordergrund, und auch Justus eilte mit seinen Gedanken immer wieder voraus nach Hause — und in die stille Fliederlaube.

In den schönen Besuchsräumen des Gerhartschen Hauses mischte sich der Schein der Kerzen, die von den zierlichen gußeisernen Kronen herableuchteten, mit dem weichen Licht des sinkenden Juniabends. Eine vornehme Gesellschaft war hier beisammen. Man sah den Bürgermeister, Herrn Heinrich Werner, mit seiner Gemahlin, die Schöffen Herrn Siffurt Swobe, Heinrich Goldschmidt, Ditmar Dietz, Johannes Laasphe, Daniel zum Swan mit ihren Frauen, vor allem aber den ehrwürdigen Herrn Johann Blankenheim, einen der ältesten und angesehensten Schöffen. Auch etliche Edelleute, die ihre Burgsitze zumeist in der Ritterstraße am Fuß des Berges hatten, waren geladen, so der Herr von Nordeck, von Weitershausen und andere. Auch Herr Johann von Breidenbach aus Biedenkopf fehlte nicht.

Die meisten hatten ihre erwachsenen Söhne und Töchter mitgebracht, und so war es ein froher Kreis, der sich in dem einen Zimmer um Justus, Eyla und Hildegund scharte. An allerlei Spielen hatten sie sich bisher ergötzt, nun sollte Justus von seinem Aufenthalt in Wittenberg erzählen. Er tat es mit viel Humor und Scherz, aber die Hauptsache von allem, was er gehört und erlebt hatte, die Vorlesungen bei dem Doktor Luther, erwähnte er nur ganz flüchtig. Wolfgang unterstützte ihn eifrig und flocht des öfteren derart komische Bemerkungen mit hinein, daß die Zuhörer kaum aus dem Lachen kamen.

Angelockt von der Heiterkeit, kam Frau Agnete in ihrem

langen, schleppenden, dunkelblauen Samtkleid mit dem Goldbortenbesatz herbei und lauschte zur Tür herein. Mit mütterlichem Stolz ruhte ihr Blick auf der schlanken Erscheinung ihres Sohnes, da aber gewahrte sie plötzlich, wie sein Auge immer wieder Eyla suchte und diese seinen Blick leuchtend zurückgab. Das Mädchen strahlte förmlich, und es war begreiflich, daß sie mit ihrem schönen Antlitz, der schlanken Gestalt in dem weißen Gewand, mit den purpurroten Rosen geschmückt, immer wieder nicht nur Justus, sondern auch anderer Blicke auf sich zog. Ein brennendes Angstgefühl faßte sie, und wieder war ihr plötzlich zumute, als nahe von irgendwoher Schweres ihrem Hause.

Da hörte sie ein Geräusch in ihrer Nähe, und sich umwendend sah sie den Guardian des Franziskanerklosters, Pater Nikolaus Ferber, vor sich stehen. „Gestattet, daß ich Euch begrüße, vieledle Frau", sagte er und schlug das Zeichen des Kreuzes; „es war mir unmöglich, früher zu kommen, ich bedurfte der Ruhe und Sammlung nach dem anstrengenden Tage."

Sie neigte steif den Kopf und wollte etwas erwidern, da hatte Eyla den Pater bemerkt und trat rasch mit ehrerbietigem Gruß auf ihn zu.

„Ich muß Euch herzlich danken, hochwürdiger Herr Pater, für das kostbare Angebinde, das Muhme Magdalene mir heute morgen von Euch gab. Ich will den Rosenkranz fleißig benützen."

„Die lieben Heiligen und die hochgelobte Mutter Gottes mögen dich schützen, meine Tochter, und dich mit himmlischen Gaben segnen", entgegnete der Mönch mit weicher Stimme, dann wandte er sich mit Frau Agnete zusammen den Gästen zu.

Nachdem der Pater die Frauen begrüßt hatte, ging er in das anstoßende Arbeitsgemach des Hausherrn, wo die Männer beim Pokal in ernster Rede zusammensaßen. Nikolaus Ferber wurde mit Freuden willkommen geheißen, und der Prior der

Dominikaner, Herr Antonius Isengard, rückte sofort zur Seite, damit er neben ihm Platz fände. Ein fröhliches Mahl vereinte später alle Gäste, und nach demselben suchte besonders die Jugend den Garten auf. Da war es denn ganz natürlich, daß sich die zusammenfanden, die der Meinung waren, daß sie gut zueinander paßten, und es ergab sich eigentlich von selbst, daß Wolfgang neben Hildegund herschritt.

Lieblich wie eine Himmelserscheinung, dachte er immer wieder, wenn er sie ansah, und gerade diese Lieblichkeit fesselte ihn weit mehr als Eylas Schönheit. Hildegunds Bewegungen waren von so unbewußter Anmut, ihr zartes Gesicht mit den klaren blauen Augen gab so jede Empfindung ihrer Seele wider, daß Wolfgang sie immer wieder anschauen mußte.

Mit Genugtuung hatte er bemerkt, daß eine zarte Röte ihr Gesicht überflog, als Justus ihn ihr vorgestellt hatte, und er verstand es einzurichten, daß ihm immer wieder der Platz an ihrer Seite zufiel. Drohend stieg allerdings einmal ein Gedanke in ihm auf, doch er scheuchte ihn mit Gewalt zurück und gab sich ganz dem Zauber dieser Stunden hin.

Justus beobachtete es mit heimlicher Freude. Seinen geliebten Freund als Schwager zu haben, war ihm ein beglükkender Gedanke, da war sein Schwesterlein gar gut geborgen. Mit Wohlgefallen betrachtete er sie, die in ihrem zartblauen Gewand mit den weißen Rosen ein so echtes Bild holder Jungfräulichkeit war. Aber dann flog sein Blick doch wieder zu Eyla, die er heute kurz vor Beginn des Festes in der Fliederlaube mit jubelndem Glück in seinen Armen gehalten hatte. Immer wieder fanden sich ihre Lippen, und ihnen beiden waren die Welt, das Leben wie ein Paradies im Bewußtsein ihrer Liebe erschienen.

Justus hatte seiner Braut eine schwere, goldene Kette mitgebracht und ihr dabei mit komischer Feierlichkeit erklärt, daß er sie damit an sich fesseln wollte für alle Zeiten bis in die Ewigkeit. Sie aber hatte ihm mit feuchtschimmernden Augen geantwortet: „Ich bin an dich mit Leib und Seele gebunden, mein Just, ich liebe dich tausendmal mehr denn alle Heiligen! Und sollten sie mich zur Strafe dafür von dir trennen wollen, ich wüßt' nicht, was ich täte!"

Fast erschrocken hielt er ihr den Mund zu: „Sprich nicht so, Eyla, es könnte uns Böses einbringen. Wer sollte uns auch trennen wollen und warum!"

Nur zu schnell war die halbe Stunde des Alleinseins verflogen. Aber während der ganze Kreis blühender Jugend im Garten schwärmte, hatte er wieder Gelegenheit gefunden, mit Eyla ein paar Worte versteckt hinter einem Gebüsch zu wechseln.

Wolfgang bemerkte es und versuchte Hildegund zurückzuhalten, die sie ebenfalls dort verschwinden sah. Ehe er aber noch etwas sagen konnte, hatte das Mädchen schelmisch das Gebüsch auseinandergebogen, ließ es aber sofort los und blickte zu ihrem Begleiter in heller Bestürzung auf. Unwillkürlich mußte Wolfgang lachen. Es war ein herzliches, warmes Lachen, das aber auf Hildegund nicht die gewünschte Wirkung hatte.

„Eyla — Justus", stammelte sie fassungslos.

Nun ging ihr Erschrecken ihm doch zu Herzen. Ehrerbietig faßte er ihre Hand und zog sie neben sich auf eine Gartenbank. „Vieledles Fräulein, zu unvermutet ist Euch hier Einblick in ein Geheimnis geworden, so ich schon länger kenne", sagte er leise und herzlich; „kam Euch aber nie der Gedanke, daß Eure schöne Base bald von einem Manne entführt werden könnte?"

„Doch", nickte Hildegund, „oft dachte ich mit geheimer Angst daran."

„Nun seht Ihr wohl", fuhr Wolfgang fort, „ist es da zu verwundern, daß Justus ihrer begehret? Ist's nicht so schöner für Euch, da Ihr sie nun immer behaltet?"

Jetzt schien sie beruhigt und antwortete lebhaft: „Wunderschön ist solches, so ich nunmehr recht darüber nachdenke. Später wohnen sie alsdann unten, und ich ziehe zur Muhme nach oben."

Nun mußte er aber doch wieder lachen. Holdes, unbefangenes Kind, dachte er, sie ansehend. Und es faßte ihn ein unbezwingliches Verlangen, diese Knospe zur Blüte zu bringen.

„Ihr?" fragte er leise. „Ja, denkt Ihr denn nimmer daran, daß Euch vielleicht bälder, als Ihr meinet, einer als sein liebwertes Ehegemahl begehren könnte?"

Ungewiß sahen ihn die klaren blauen Augen an. „Mich?" sagte sie verwirrt und schlug die Hände vors Gesicht.

„Ja, Euch", entgegnete er sanft und zog behutsam ihre Hände fort, behielt sie aber in den seinen, „doch sprechen wir im Augenblick nicht davon. Nur wisset eins: Justus ist unbeschreiblich glücklich – wollt Ihr mir einen Gefallen tun und mich in Euer Gebet einschließen, daß die lieben Heiligen auch mir solch groß Glück gewähren und schenken möchten? Bishero ging's mir gleich Euch, ich dachte nimmer daran, es zu suchen, seit heute abend jedoch ist es lockend in der Ferne vor mir aufgestiegen."

Wieder wie am Nachmittag trafen sich tief zwei blaue Augenpaare. Verwirrt wollte sich Hildegund losmachen, aber Wolfgang hielt ihre Hände fest. „Wollt Ihr, Fräulein Hildegund?" fragte er eindringlich.

„Ja, Herr von Breidenbach", flüsterte sie kaum vernehmbar.

Da gab er ihre Hände frei und ging mit ihr Fräulein Ette von Weitershausen entgegen, die mit dem Junker von Nordeck herankam. Rasch flüsterte er ihr nur noch zu: „Schweigt über das Erschaute, nur Eyla und Justus sagt, daß Ihr Mitwisserin seid", und sie nickte.

Zu später Nachtstunde schieden die Gäste.

Als Wolfgang noch ein wenig plaudernd bei Justus saß, sagte er unvermittelt: „Von den verschiedenen geistlichen

Herren, die heute hier waren, gefällt mir der Franziskaner am besten. Er erinnert mit seinem durchgeistigten Blick in etwa an den Doktor Luther. Weißt du auch, Just, daß deine Eyla die gleichen dunklen Augen hat wie der Pater? Es fiel mir auf, da sie heute zusammen sprachen."

Justus lächelte. „Wirklich? Ich kümmerte mich bis anjetzo nur um Eylas Augen, nicht um die des Mönches. Aber du magst recht haben. Und was sagtest du vorhin, Hildegund hätte uns beobachtet? Also mehr Vorsicht! Nun, es tut nichts bei meinem Schwesterlein, sie konnte von jeher schweigen. Daher also ihr schier stürmischer Gutenachtkuß für mich und ihre schalkhaften Augen!"

„Mußt ihr nimmer zürnen, Just", mahnte Wolfgang. „Schuld habt ihr, Eyla und du."

„Weiß ich, mein Guter", lachte Justus, „wer könnte ihr auch böse sein! Übrigens, Wolf", fuhr er mit angenommenem Ernst fort, „daß nicht deine Raubtiernatur ausbricht!"

„Du Übermut", erwiderte Wolfgang halb ärgerlich, halb belustigt, „und das Schlimmste ist, man kann dir nicht zürnen. Wenn's nun aber so wäre, dann —"

„Alsdann würde keiner froher sein denn ich", sagte Justus herzlich. „Doch nun gute Nacht, du bleibst noch ein paar Tage hier, und morgen ist wieder Sonntag, obgleich es Montag ist."

Wolfgang lachte und ging in seinem Zimmer auch zur Ruhe. Alles schlief im Hause, nur Muhme Magdalene lag vor dem Altar in ihrem Wohngemach mit heißem Flehen: „Erbarme dich, wende von Eyla das Unheil ab, laß keine irdische Liebe sie berühren! Erbarme dich über sie und Justus!"

Die nächsten Tage waren etlichen Ausflügen gewidmet. Jeden Morgen überraschte Justus mit einem neuen Plan, der ohne Widerrede angenommen wurde. Das waren dann gar frohe Stunden, in denen die vier jugendfrischen Menschen entweder zum Frauenberg wanderten oder in zierlichem Schiffchen auf der Lahn fuhren. Einmal hatten sie auf Hildegunds Bitten Ette von Weitershausen und den Junker von Nordeck eingeladen; aber Justus erklärte nachher sehr bestimmt: „Das tun wir nicht wieder. Es ist am schönsten, wenn wir allein sind“, und Eyla hatte zugestimmt.

Hildegund wäre es allerdings ganz lieb gewesen, Ette wäre öfters mitgekommen. „Dann wären Eyla und Justus doch wie vernünftige andere Leute“, erklärte sie mit allerliebster Schelmerei, „während sie sonst nur sich neckten und Augen für sich hätten.“

„Und du bist doch schließlich auch noch zum Ansehen, nicht wahr, Hildegund?“ neckte Justus belustigt. „Nun, das tun wir auch noch daneben, und außerdem, du hast ja Wolfgang zur Unterhaltung.“

Sie errötete und drehte sich rasch herum. Justus sah es mit heimlicher Freude, sagte aber nichts.

In der tiefsten Tiefe ihres Herzens war es ihr ja auch am liebsten, wenn sie allein waren, hätte sie nur nicht immer solch Herzklopfen gehabt! Gerne hörte sie Wolfgang zu, wenn er von Wittenberg erzählte. Dieser Dotkor Luther schien ein hervorragender Mann zu sein. Sie hatte auch gebeten, ihr heute, wo sie nach Amöneburg wollten, noch mehr von ihm und seinen Lehren zu sagen, und gerne hatte er es versprochen. Die vier Tage, die sie nun schon zusammen waren, schienen wirklich wie im Fluge dahingegangen zu sein.

Hildegund nahm einen jeden mit ihrem kindlich gläubigen Gemüt als ein besonderes Geschenk der Güte der lieben Heiligen im allgemeinen und ihrer Schutzpatronin, der heiligen Elisabeth von Marburg, im ganz besonderen hin, ohne sich im geringsten bis jetzt darüber klar zu sein, woher ihr dies so erschien.

Auch Wolfgang genoß die Tage. Nur zuweilen schien ein dunkler Schatten über sein männlich schönes Gesicht zu ziehen. So besonders auch gestern abend, als er seinen Vater in eifrigem Gespräch mit Herrn Henne sah.

Justus hatte dies bemerkt und war zu ihm getreten. „Was ist's, Wolfgang", fragte er leise, „was trübt deinen Frohsinn, kannst du mir solches sagen?"

Der Angeredete schüttelte den Kopf. „Heute nicht, Just. Mich drückt etwas, und doch ist's nur Unbestimmtes. Aber vielleicht mache ich mir unnötige Sorgen. Denk meiner vor den Heiligen!"

Justus sah ihn forschend an, aber viel Zeit, darüber nachzudenken, nahm er sich nicht, dazu war er zu sehr mit seinen eigenen Angelegenheiten beschäftigt. Ihm schien die Welt ein Garten Gottes zu sein. Gerne wollte er des Vaters Wunsch folgen und in dem ausgedehnten Geschäft mit tätig sein. Später dann, wenn der Vater sich zur Ruhe setzte, übernahm er es; Ehre und Ansehen waren ihm in der Stadt und bei dem Landgrafen sicher, zu Hause wohnte sein Glück, für das er schaffte. Und in dem Bewußtsein der glückverheißenden Zukunft strahlte sein jugendschönes Gesicht.

Nur Muhme Magdalene und Frau Agnete standen wie unter einem Druck, der sie nicht frei in die Zukunft blicken ließ. Aber jede behielt dies für sich, obgleich gerade diese beiden das Schwere damals vor Jahren zusammen getragen hatten und bis heute alles, was Eyla betraf, gemeinsam trugen. Was aber hätten sie sich sagen sollen? Ahnungen? Vermutungen? Dazu waren sie beide zu klar überlegende Menschen, deshalb schwiegen sie beide. Aber sie beugten oft die Knie in stillem Gebet vor ihren Hausaltären. Kam ihnen wohl immer dabei der innere Friede, den sie suchten?

Herr Henne Gerhart ahnte nichts von alledem, was in den Herzen der Seinen um ihn her lebte. Er sah den Wohlstand und das Glück seines Hauses sicher gegründet, und niemals wäre ihm der Gedanke gekommen, daß es von innen her gefährdet werden könnte. Ihm lag anderes auf dem Herzen, und mit ihm dem ganzen Rat der guten, alten Stadt Marburg. War doch die Zeit, in der man lebte, wirklich keine allzu ruhige.

Seit der vortreffliche Fürst über Hessen, Landgraf Wilhelm der Mittlere, am 11. Juli 1509 das Zeitliche im Alter von erst einundvierzig Jahren gesegnet hatte, waren genug der Unruhen im Lande gewesen. Sein Sohn und Nachfolger, der junge Landgraf Philipp, zählte bei dem Tode des Vaters erst fünf Jahre. Es waren von dem Dahingeschiedenen vor seinem Ableben etliche Große seiner Herrschaft zu Stellvertretern und Vormündern eingesetzt worden. Aber die verwitwete Landgräfin Anna, eine Frau von leuchtender Schönheit, wie ihre Zeitgenossen sie nennen, wollte mit allen Mitteln die Vormundschaft über den Sohn und das Land an sich reißen. Daraus hatten sich unendlich viel Zänkereien und Ränkespinnereien ergeben, es gelang aber der Landgräfin endlich dennoch, sich in den Besitz der Vormundschaft zu setzen.

Zu allen diesen Wirren im Lande kam noch der zunehmende Verfall der Klöster und des Priesterstandes, dem schon der verstorbene Fürst versucht hatte dadurch entgegenzuwirken, daß er 1502 mehrere Verhandlungen mit dem Gesandten des Papstes Alexander IV., dem Kardinal Raymund Pegerandi, zu Erfurt hatte. Hierbei „wurde den Klosteroberen", wie die Chronik besagt, „aufgegeben, alle Klöster in Hessen zu untersuchen und ihrem eigentlichen Zweck näherzuführen". Das war aber ziemlich ganz unterblieben, und es sah böse aus, wo Glaube und Zucht dem Volk in erster Linie nicht nur gepredigt, sondern vorbildlich gezeigt werden sollten.

Im Franziskanerkloster in Marburg allein war viermal innerhalb drei Jahren vom Provinzialmagister aus reformiert worden, ohne daß es genützt hätte! Seit Nikolaus Ferber Guardian geworden war, war es aber besser geworden. Mit unermüdlichem Eifer sorgte er für das Ansehen des Klosters, ermahnte und strafte die Brüder, ließ es dabei auch an gutem Vorbild nicht fehlen. Er schaffte allein durch seine Persönlichkeit mehr als der Provinzialmagister mit allem Reformieren, und Rat und Stadt waren froh, das Franziskanerkloster unter seiner Obhut zu wissen.

Von all den inneren Unruhen betreffs der Regierung des Landes hatte der Rat mit viel Klugheit verstanden, Marburg ziemlich ganz freizuhalten, und war auch darauf sein Augenmerk in erster Linie immer wieder gerichtet.

Die vier fröhlichen Menschenkinder, die heute am Mittwoch nach dem Spielsonntag nach Amöneburg hingefahren waren, kümmerten sich indes herzlich wenig um staatliche oder kirchliche Angelegenheiten. Sie waren schon früh am Morgen aufgebrochen, denn der Weg war kein kurzer, und der Sicherheit halber hatte Herr Henne ihnen einige Knechte mitgegeben. Justus und Wolfgang kannten die Stadt auf dem Berge genau, Hildegund hatte sie auf einer Reise von Celle aus gesehen, aber Eyla war sie ganz fremd.

Mit großem Interesse stiegen sie den Basaltfelsen hinauf, dessen stumpfe Spitze die Stadt krönt, eine echte „Stadt auf dem Berge". Mit Ehrfurcht betraten sie die prachtvolle Kirche zu kurzer Andacht und genossen dann von dem schattigen Garten einer kleinen Gastwirtschaft aus den wundervollen Blick ins Land.

Das Gespräch hatte ein wenig gestockt; plötzlich wandte sich Wolfgang zu Hildegund mit der Bitte: „Wollt Ihr mit mir einen kleinen Weg um die Burg herum machen, edles Fräulein, oder ziehet Ihr vor, noch ein wenig länger hier zu rasten?"

„Gerne komme ich mit", erwiderte sie aufstehend, „ihr auch, Eyla und Justus?"

„Ich bin zu müde", lächelte Eyla, „laß mich nur hier; Just und ich kommen nachher nach."

Hildegund lachte. „Da kann man wohl warten", entgegnete sie schelmisch, „ich möchte aber den Weg machen." Sie schritt voran, dann gingen sie einen schmalen Pfad an der Stadtmauer entlang, und nun standen sie unterhalb der erzbischöflichen Burg.

Bewundernd sah Hildegund auf den stattlichen Bau.

„Kennt Ihr den Ursprung der Burg und Kirche?" fragte Wolfgang.

„Nein", entgegenete sie, „wißt Ihr ihn, Herr von Breidenbach, so erzählt ihn mir."

„Gern", erwiderte er und deutete auf eine Bank, „laßt uns dabei dort niedersitzen."

Sie folgte ihm, und er erzählte: „Es war im Jahre 722 nach der Geburt unseres hochgelobten Erlösers, da hausten hier oben zwei starke Herren, die Brüder Detik und Dierolf. Viel Volk war ihnen dienstbar, und sie unternahmen manchen Zug in die Umgegend, von dem sie mit reicher Beute heimkamen. Viel Liebe hatten sie demgemäß nicht und waren eher bei allen gefürchtet. Als sie wieder an einem Abend in ihre Burg zurückkehrten, waren fremde Gäste angekommen. In Rede, Ansehen und Gebärde anders, umstanden die Mannen der beiden Herren die Fremden und beschauten erstaunt ein großes Kreuz, das sie aufgerichtet hatten. Es war Bonifatius, der Apostel der Deutschen, wie wir ihn benennen. Bald verkündete er ihnen hier oben die neue Lehre von dem hochgelobten Sohn des Allmächtigen, und es dauerte nicht lange, so öffnete Detik sein Herz derselben und nahm sie auf. Anders Dierolf. Bei ihm mußte erst ein Wunder geschehen. Bei einem furchtbaren Unwetter war er im Walde allein. Da schlug der Blitz hart neben ihm ein, tötete sein Roß und zersplitterte seine Lanze. Er selbst blieb unverletzt. Überwältigt hiervon gelobte er sich dem Gott der Christen, und schon etliche Tage später taufte Bonifatius die beiden Brüder und eine große Menge des Volkes. Später baute er hier eine Abtei, und noch später ward diese erzbischöfliche Burg errichtet."

Hildegund hatte still zugehört, die Hände lose im Schoß verschlungen, die großen blauen Augen auf den Erzähler gerichtet. Nun, als er schwieg, ging ihr nachdenklicher Blick ins Weite.

„Wieviel ist hier schon vor Jahrhunderten geschehen", sagte sie sinnend, „Menschen haben hier gelebt und gearbeitet gleich uns. Wenn die Steine reden könnten, was hätten sie wohl zu verkünden! Und so geht das Leben immer weiter, auch wenn wir nicht mehr sein werden."

„Auch wenn wir nicht mehr sein werden", wiederholte er gedankenvoll; „was aber würde man alsdann von uns zu erzählen wissen? Was wird uns das Leben bringen?"

„Euch mehr und anderes als mir", erwiderte sie, „Ihr seid dazu berufen, als Mann im vollen Leben zu stehen, wir dagegen, ich ..."

„Vollendet", bat er, „oder nein, laßt mich vollenden! Ihr seid dazu berufen, uns das Leben zu schmücken, Sonnenschein hineinzubringen, mit linder Hand Sorgenfalten wegzustreichen ..."

„Wohl nicht alle sind dazu berufen, Herr von Breidenbach", entgegnete sie leise, „seht Muhme Magdalene an. Im besonderen aber muß ich oft einer schönen, so frommen und milden Schwester in unserer Klosterschule zu Wienhausen gedenken. Wir liebten sie alle zärtlich, die Schwester Apollonia. Mit allem konnten wir zu ihr kommen, sie war so, wie Ihr eben sagtet. Da fand ich sie einmal in heißen Tränen vor dem Bilde der heiligen Anna. Zitternd fragte ich sie, was ihr wäre, und sie antwortete: ‚Nichts! Ich muß nur über das harte Leben weinen, das uns so viel oft verspricht und nichts hält. Geht's auch dir einmal so, Kind, dann fliehe in die Stille des Klosters. Dort kannst du noch am ersten Frieden finden.' Oft habe ich an Schwester Apollonia denken müssen, und nie werde ich ihre Worte vergessen."

Wolfgang war sehr ernst geworden. „Möge Euch die heilige Mutter Gottes behüten, Hildegund, jemals die Härte des Lebens zu empfinden! Gerade Ihr seid geschaffen ...", er brach kurz ab und wandte den Kopf zur Seite. Unbewußt hatte er ihre Hand ergriffen, nun ließ er sie mit jähem Druck los.

Eine Weile war es still zwischen den beiden, dann schüttelte Hildegund gewaltsam den Bann ab, der sich bei seinen Worten auf sie gelegt hatte. Sie wandte den Kopf und sagte halb mutwillig, halb ernsthaft: „Wer uns an diesem schönen Sommertage solche Gespräche führen hört, muß über uns lachen, Herr von Breidenbach."

„Meinet Ihr?" fragte er leise, sie voll ansehend.

Sie errötete und wandte sich ab. „Kommt", sagte sie und stand auf, „wir wollen zurückgehen."

Auch er erhob sich. „Es wird wohl Zeit werden, der Heimfahrt zu denken", meinte er mit einem prüfenden Blick zum Himmel so gleichmütig, als hätten sie die alltäglichsten Dinge besprochen, „zur Nacht scheint es ein Wetter geben zu wollen."

Zum Nachtessen waren sie zu Hause, und nach demselben saßen sie alle noch im Garten plaudernd zusammen. In der Ferne wetterleuchtete es, und leises Donnergrollen verhallte ab und zu.

„Wenn wir nun morgen fortziehen", sagte Herr Johann von Breidenbach plötzlich, „so tun wir es mit der herzlichen Bitte, Euch, Herr Henne, mit Eurem ganzen Hause recht bald als liebwerte Gäste auf dem Biedenkopf begrüßen zu dürfen."

„Ihr seid von großer Freundlichkeit", antwortete dankend Herr Henne, „es wird uns eine Ehre und Freude sein, zu kommen. Nur müßt Ihr vorläufig auf uns ältere Leute verzichten, Geschäft und Rat erfordern viel Zeit. Indes verstatte ich gern dem jungen Volk einen Ausflug auf den Biedenkopf."

Beim Gutenachtsagen hielt Wolfgang Hildegunds Hand einen Augenblick länger als nötig in der seinen und fragte mit leiser Stimme: „Freuet Ihr Euch ein wenig auf den Biedenkopf?"

„Sehr“, gab sie ebenso zurück – da drückte er rasch einen Kuß auf ihre Hand.

Dort, wo die Lahn in ihrem Lauf nach Osten einige scharfe Biegungen macht, liegt inmitten hoher, bewaldeter Berge das freundliche Städtchen Biedenkopf. Wie schutzsuchend schmiegt es sich an den frei stehenden Kegelberg an, von dessen stumpfer Spitze die nicht sehr große Burg herabschaut. Massig erhebt sie sich, umgeben von einer festen Ringmauer, auf deren Westseite der runde Bergfried trotzig emporragt. Schöner, wildreicher Wald zieht sich bis dicht an die Mauern heran, und der Ausblick vom Söller über die Wälder und das malerische Lahntal ist wundervoll.

Hier hauste Herr Johann von Breidenbach als landgräflicher Amtmann und Burgherr mit seinem Sohne Wolfgang und seinen Mannen. Es war ein altes Geschlecht. Um 1296 wird des Ortes und der Burg zuerst Erwähnung getan, und schon um 1304 war ein Breidenbach als Burgherr hier oben. Das Geschlecht hatte sich nie sehr ausgebreitet, und in der Gegenwart gründete sein Bestehen allein auf Wolfgang von Breidenbach.

Es war das einzige Kind seines Vaters, seine Mutter war früh verstorben. Von ihr hatte er den Zug der Frömmigkeit geerbt und die Nachdenklichkeit seines Wesens, doch sorgte der Vater dafür, daß er frühzeitig das Schwert führen lernte und in allem unterwiesen wurde, was einem Edlen und Ritter wohl ziemte. Seinem Hang zur Wissenschaft gab der Vater insofern nach, als er ihn auf seine wiederholten Bitten endlich zum Studium der Rechtsgelehrtheit nach Leipzig und Wittenberg ziehen ließ. Es war gut, daß Herr Johann von Breidenbach so wenig wie andere Leute in die Zukunft blikken konnte, er hätte seinen Sohn sonst nimmer fortgelassen! So aber war er's zufrieden, daß Wolfgang sich Kenntnisse erwarb, die ihm später zustatten kommen konnten. Denn ob sein Sohn zum ersten die Absicht hegen würde, immer auf dem Biedenkopf zu bleiben, war Herrn Johann recht zweifelhaft, noch viel zweifelhafter aber war ihm, ob er selbst Burgherr auf dem Biedenkopf bleiben würde. Es gab da so einen Punkt, über den Herr Johann nicht redete!

Er war von dem verstorbenen Landgrafen als Amt- und Burgmann eingesetzt und mit der Verwaltung landesherrlichen Eigentumes betraut worden. Wie oft hatte ein Breidenbach hier oben gesessen und immer treu seine Pflicht getan, da war der Landgraf sicher, daß es auch dieser tun würde. Herr Johann hatte auch die allerbesten Absichten und schaffte fleißig in seinem Amt, aber es gibt eben in jeder Familie nach vielen festen und starken Charakteren auch mal einen schwachen, vielleicht sogar einen schlechten. Herr Johann von Breidenbach hatte manche gute Eigenschaft seiner Väter geerbt, aber auch eine recht bedenkliche, er liebte das Spiel. Keiner seiner Vorfahren hatte ihr jedoch in dem Maße nachgegeben wie er, immer hatten sie verstanden, genaue Grenzen einzuhalten.

Er nicht. Faßte ihn der Spielteufel, so war er willenlos, und seine Kumpanen verstanden nur zu gut, sich seine Leidenschaft zunutze zu machen. Da es immer um hohen Einsatz ging und die Breidenbachs nicht mit bedeutenden irdischen Gütern gesegnet waren, mußte Herr Johann, wenn er verlor, ein Pfand setzen. Merkwürdig war, daß er, sobald er in Hitze kam, fast immer verlor! Dann gelobte er sich mit heiligen Eiden, keine Karte mehr anzurühren. Es währte aber manchmal noch nicht acht Tage, und Eid und Verlust waren vergessen, er spielte wieder. Als sein Vermögen erschöpft war, drohten ihm seine Kumpanen, ihn dem Obervormund des jungen Landgrafen, dem Kurfürsten Friedrich dem Weisen, anzuzeigen, wenn er nicht zahlen würde. Da gab er Pfand, ein Stücklein Wiesenland, das zur Burg gehörte.

Er griff zähneknirschend das Eigentum seines Herrn an, er schwur heilige Eide, das Spiel zu lassen — und hielt den Schwur dermaßen, daß nunmehr schier acht Zehntel vom

Walde und vom Wiesenland bereits verpfändet waren! Um aber den Vormündern seines Herrn den fälligen Zins stets zur rechten Zeit zuzuführen, mußte er neue Quellen öffnen. Er fand sie auch in etlichen reichen Besitzern von Biedenkopf und seiner Umgegend, aber auch diese verlangten Zins, und so hatte er denn nach dem Spielsonntag diesmal gar „wichtige Geschäfte" in Marburg gehabt. Aber nicht bei Herrn Henne Gerhart. Dieser hätte sich nimmer in solch Dunkelspiel eingelassen, das wußte Herr Johann. Am meisten saß er dem reichen Hinner Montselig aus Laasphe in der Tasche. Vor dem fürchtete er sich, denn er wußte, der Hinner verfolgte bei allem, was er tat, einen bestimmten Zweck. Welchen bei ihm, war ihm lange nicht klar. Als er ihn aber erfuhr, überlegte Johann von Breidenbach doch, ob er nicht jetzt lieber mit den Obervormündern des jungen Landgrafen offene Sache machen und sich ihrem Gericht stellen sollte.

Aber nach langem Überlegen willigte er dennoch in Hinners Vorschlag und Plan. Die Schande, sich dem Gericht des Landgrafen zu stellen, war ihm doch zu groß und schwer. Es stand ja dabei auch seines Sohnes Ansehen und Namen auf dem Spiel – nach seinem Glück fragte er nicht!

So lagen die Verhältnisse, als Wolfgang heimkehrte und mit Freuden die kleine, feste Burg betrat. Im Geist sah er hier ein liebliches, junges Wesen als Burgherrin walten und Sonnenschein und Glück verbreiten – die Andeutungen seines Vaters in etlichen Briefen: „Binde dich nicht, laß nicht dein Herz mit dir durchgehen, du mußt deinen Verstand reden lassen" und andere waren ganz in den Hintergrund getreten.

Als er Hildegund Gerhart kennenlernte, wollten diese Bemerkungen ihm drohend erscheinen. Er mußte ihnen oft nachdenken, aber dann schüttelte er sie mit Gewalt ab. Der Vater konnte ja gegen seine Wahl nichts einwenden. Die Gerharts waren ein alteingesessenes Patriziergeschlecht in Marburg, das wohl den Breidenbachs ebenbürtig war, dazu war Hildegund reich. Bei ihm trat ja das alles ganz in den Hintergrund, bei dem Vater aber würde es voranstehen.

Wieder, wie schon so oft in der letzten Zeit, hatte Wolfgang diesem allem nachgedacht und war dabei heute kurz nach dem Mittagsmahl langsam auf dem schmalen Waldpfad vorwärts geschritten, der bergan führte. Nun kam er an eine Lichtung, von der man einen weiten Blick über das Tal mit der Stadt und der Burg hatte. Er warf sich ins schwellende Moos, verschränkte die Arme hinter dem Kopf und blickte gedankenvoll ins Weite.

Es war ein köstlicher Spätsommertag, die Luft fast durchsichtig klar, der Himmel von zarter Bläue. Die Berge ringsum mit ihren Wäldern trugen schon herbstliche Färbung, weiße Fäden flogen durch die Luft, getragen vom milden Westwind.

Waren es denn wirklich erst acht Tage her, seit die lieben Gäste aus Marburg hier waren, Justus, Eyla und Hildegund?

Das war frohe, sonnenscheindurchflutete Zeit, in der heiteres Lachen, muntere Scherze und Gesang durch die Burgräume schallten und neues Leben in den Mauern des Biedenkopfes eingekehrt schien. Ganz selbstverständlich war es, daß Wolfgang Hildegunds ständiger Begleiter war, die mit ihrer lichten, sonnigen Anmut und Heiterkeit gar bald bei allen in der Burg beliebt wurde. Die Mägde und Mannen flüsterten und nickten sich zu, wenn sie das Mädchen neben Wolfgangs hoher stattlicher Gestalt durch die Burg schreiten sahen: Die hier als Burgherrin, und es gäbe eine gute Zeit für alle!

Aber auch Herr Johann sah es, jedoch mit sehr gemischten Gefühlen.

Der sinnende Mann in der stillen Waldeinsamkeit durchlebte noch einmal alle Stunden, sah sich noch einmal mit Hildegund auf dem Söller stehen und beobachtete mit Freude, wie ihr Blick entzückt über die malerische Landschaft schweifte und sich an aller Schönheit nicht satt sehen konnte. Unwillkürlich hatte er ihre Hand genommen: „Würdet Ihr immer hier leben mögen, liebwertes Fräulein?"

Mit holdem Erröten hatte sie den Kopf gesenkt und leise geantwortet: „Es muß hier einzig schön sein zu jeder Jahreszeit, ich möchte wohl hier weilen."

Ungestüm hatte er ihre Hand an die Lippen gepreßt, und schon wollte er das entscheidende Wort sprechen, da waren Justus und Eyla mit Herrn Johann heraufgekommen, und er hatte Hildegunds Hand losgelassen. Schien es ihm nur so, oder schaute ihn der Vater in Wahrheit warnend an?

Unwillkürlich sprang Wolfgang erregt auf, als er daran dachte, aber mit demselben Gefühl des festen Willens, wie es ihn an jenem Abend erfaßt hatte! Nie und nimmer würde er sich dreinreden lassen, wenn der Vater seine Wahl wirklich nicht billigen sollte! Er war Mann genug, er ließ sich hierin nichts sagen!

So hatte er auch am letzten Tage des Beisammenseins zu Justus gesprochen und ihm dabei das erstemal von seines Vaters Andeutungen geredet. Aber auch hinzugefügt: „Mich hält hier oben nichts. Hat mein Vater irgend etwas gegen meine Wahl einzuwenden, alsdann gehe ich fort und gründe mir einen Beruf. Ich will und werde mir Hildegund erringen."

Justus hatte ihm beide Hände gereicht. „Niemand ist mir lieber als Schwager denn du, Wolfgang, und ich weiß, auch meinem Vater bist du als Eidam willkommen. Wie mein Schwesterlein denkt", fügte er schalkhaft hinzu, „solches mußt du selber ergründen."

„Sag ihr nichts", bat Wolfgang, „erst will ich mit meinem Vater reden."

Justus nickte. Dann sagte er bewegt: „Mache sie glücklich, sie verdient solches, und dir können wir sie sorglos anvertrauen. Laß auch die Sorge um deine Zukunft dir nimmer bange machen", fügte er ernst hinzu, „sobald du von hier fortzugehen gedenkst, kommst du in unser Geschäft; es nährt gut etliche Herren."

Wolfgang drückte ihm fest die Hand. „Dank für solch Wort, Just. Ich hoffe, es ist nimmer vonnöten, aber ich will dran gedenken, so es wirklich ernst werden sollte."

Als die Gäste fortzogen, gab ihnen Wolfgang noch ein Stück Weges Geleit. Da zwängte er sein Pferd dicht neben Hildegunds, die anmutig und sicher auf dem ihren saß, und sagte leise: „Auf baldiges Wiedersehen, Hildegund! Glaubt Ihr an die Wunderblume, von der so manche Mär kündet? Ich glaube daran, ich bringe sie Euch, so Ihr sie wollt."

Mit einem warmen Blick erwiderte sie: „Auch ich glaube daran! Bringt sie mir, so es der lieben Heiligen Wille und Vornehmen ist, und ich will mich herzlich ihrer freuen."

Als sie dicht vor Eckelshausen Abschied nahmen, faßte er, unbekümmert um Eyla und Justus, ihre Hände und sagte innig: „Denkt meiner und harrt mein, Hildegund! Wollt Ihr?"

Sie erwiderte den Druck seiner Hand und sah ihn mit strahlenden Augen an: „Ich denke Euer und warte, Wolfgang . . ."

Der junge Ritter stand auf und nahm sein Jagdgerät zusammen. Diesmal kam er ohne Beute heim – es machte nichts. Er hatte dafür den festen Entschluß gefaßt, noch heute mit seinem Vater zu reden und morgen nach Marburg zu reiten. Er wollte nicht länger auf sein Glück warten.

Mißmutig saß Herr Johann von Breidenbach an dem eichenen Tisch in der nicht sehr großen, dunkel getäfelten Halle des Palas. Vor ihm stand ein gefüllter Becher, eine halbvolle Kanne daneben. Er brauchte Mut zu dem, was ihm bevorstand, der Wein sollte ihn ihm geben. Immer hatte er diese Unterredung mit seinem Sohn verschoben, nun aber zwang ihn ein Brief von Hinner Montselig dazu. Nun mußte er! Es hieß „entweder – oder"!

Johann von Breidenbach verfluchte seine Spielleidenschaft, die ihn in diese böse Lage gebracht hatte, er zitterte vor dem, was sein Sohn sagen würde. Mit Sorge dachte er auch an das offenbare Einvernehmen zwischen Wolfgang und Hildegund — alle Heiligen, wenn er hier seinem Sohne einen Strich machen müßte! Er liebte ihn ja dennoch und hätte ihm gerne alles Gute gegönnt, aber jetzt war es zu spät, daran zu denken. Da hörte er draußen Wolfgangs schnellen Schritt, rasch leerte er den ganzen Becher. So, nun mochte kommen, was wollte!

„Da seid Ihr ja, Herr Vater", sagte Wolfgang beim Eintreten, „ich fragte nach Euch und vernahm, Ihr hättet allbereits etliche Male nach mir gesandt. Folglich begehret Ihr wohl meiner in irgendeiner Angelegenheit, wie ich ebenfalls Eurer." Dabei hatte er sich auch einen Becher Wein eingeschenkt und tat einen tiefen Zug. „Das tut gut nach langem Weg! Doch nun beginnet, Herr Vater! Ist's Unangenehmes, so Ihr mir zu sagen habt? Ihr seht unwirsch aus."

Herr Johann leerte noch einmal den Becher. Nun begann er mit großer Weitschweifigkeit und Umständlichkeit und mit dem Herzählen der Fehler seiner Vorfahren, was alles zur Entschuldigung dessen dienen sollte, was ihm je länger, je saurer zu sagen wurde.

Ungeduldig hatte Wolfgang etliche Male auf den Tisch getrommelt. Was gingen ihn heute seine Vorfahren mit ihren Fehlern an! Er hatte Wichtigeres zu denken. Aber nun wurde er aufmerksamer, ein sonderbares Gefühl beschlich ihn — was bekam er denn da zu hören? Unverwandt schaute er auf den Vater, der sich unter seinen Blicken fast zusammenzog, jetzt eine kleine Pause machte und sich den Schweiß abwischte.

„Weiter", drängte Wolfgang.

Und Herr Johann sprach weiter — da fuhr die Faust dröhnend auf den Tisch, mit blitzenden Augen brach Wolfgang los. „Was? Solches habt Ihr fertiggebracht? Ihr, ein Breidenbach? Neun Teile des Besitzes Eures Herrn verpfändet um elender Spielerei willen? Vater, solcher — solcher — nein, ich will's nimmer aussprechen. — Dessen waret Ihr fähig? Und nun weiß es der Kurfürst, nun müssen wir mit Schimpf und Schande davonziehen –", er brach ab und vergrub das Gesicht in beiden Händen.

„Nein, mein Sohn", sprach Herr Johann weiter, und seine Stimme zitterte, „nein, solches ist nimmer vonnöten, so du nicht willst. Es liegt an dir."

„An mir?" fragte Wolfgang aufsehend. „Redet, wie soll ich solches verstehen?"

„Hinner Montselig, ein edler und fürnehmer Mann aus Laasphe, hat sich meiner angenommen und mir alles gegeben, also daß der Kurfürst nichts ahnet und ich gleicherweise die Burg instandhalten kann."

Wieder wischte er sich den Schweiß ab. In dieser Stunde büßte er wahrlich schon ein gut Teil seiner Schuld! So schwer hatte er es sich nicht gedacht. Und das Schlimmste kam noch!

Wolfgang blickte ihn finster an. „Was verlangt der Mann von Euch als Entgelt? Da er sich herbeiläßt, diese – diese Versündigung Eurerseits am Eigentum Eures Herrn zuzudecken, hat er ein Besonderes als Zweck."

Nun kam's – es mußte gesagt werden!

„Er steht fast allein, seine Frau ist tot, Kinder hatte er nicht, noch einmal heiraten wollte er nicht", sprach Herr Johann stockend weiter, „eine entfernte Verwandte hält ihm Haus, ein schönes, feines Mädchen, Elsabetha von den Gießen heißt sie. Die soll sein ganzes, großes Vermögen erben. Der Hinner hat – er will – er meint –"

„Nun, was hat – will – meint er?" fragte Wolfgang ironisch dazwischen, obgleich ihm schwül zumute wurde.

„Also kurz gesagt", preßte der Vater hervor, „du sollst die Elsabetha heiraten, alsdann streicht er meine ganze Schuld."

Krachend flog der schwere Eichenstuhl um, auf dem Wolfgang gesessen hatte. Der befreiende Atemzug blieb Herrn Johann im Halse stecken.

Zornentbrannt stand Wolfgang vor ihm, höhnend klangen seine Worte: „Fürwahr, ein gar edler und fürnehmer Mann, der Herr Hinner Montselig aus Laasphe! Schier ebenso edel und fürnehm als Herr Johann von Breidenbach, Burgherr auf dem Biedenkopf. Erst nicht nur das eigene, sondern auch das anvertraute Gut seines Herrn verspielen und verpfänden, dann mit dem Lebensglück des Sohnes den Strich unter die Rechnung setzen! Hört, Vater" – auf der Stirne schwoll die Zornesader dick auf, seine Augen funkelten und sprühten –, „nimmer wird aus dem Handel etwas, hört Ihr? Nimmer! Ihr seid mein Vater, daran muß und will ich gedenken, ansonsten würde meine Antwort ganz anders lauten. Seht zu, wie Ihr mit dem edlen Herrn Hinner Montselig fertig werdet, ich lasse mich nimmer verkaufen."

Damit wandte er sich zum Gehen.

Aber nun kam auch in Herrn Johann Leben. Er sprang auf, war mit einem Schritt neben seinem Sohn und faßte dessen Arm mit eisernem Griff.

„Ist solches dein letztes Wort? So wisse: Ehe ein Breidenbach vor Gericht kommt, geht er aus dem Leben. Wäre gescheiter gewesen, ich hätt's vor dieser Unterredung getan. Alsdann hätt' ich zum wenigsten nichts mehr gehört von den schönen Nachreden. Aber auf dir wär alles sitzen geblieben, dieweil du der Sohn des ehrlosen Spielers geblieben wärest. Darum legte ich dir den Handel vor, du sollst entscheiden. Gut, du hast entschieden, ich gehe. Du aber wirst nimmer glücklich werden, denn ein Henne Gerhart gibt seine Tochter nie dem Sohn solches Mannes. Leb wohl!"

Bei seinen letzten Worten war Wolfgang zusammengezuckt. Röte und Blässe wechselten jetzt rasch hintereinander auf seinem Gesicht. „Vater", stieß er hervor, „geht nicht, laßt mir Zeit zum Nachdenken. Es wird, es muß sich ein Weg finden, dem Verhängnis zu entgehen."

„Suche ihn", entgegnete Johann von Breidenbach finster, „ich fand in all den Monden keinen, so sehr ich grübelte. Beim Hinner Montselig heißt es heiraten oder anzeigen. Ein anderes gibt es nicht. Auch auf Rückzahlen läßt er sich nicht ein, er schrieb mir solches erst heute. Nun überlege und sage mir morgen deinen Entschluß. Vor einer Bitte von mir bist du sicher."

Auge in Auge standen sich die beiden Männer gegenüber; aus beider Angesicht sprachen Zorn und Aufregung. Aber auch der ganze Stolz ihres Geschlechts, der bei dem älteren leider zu spät kam.

„Vater, ich kam zu Euch wegen Eurer Einwilligung zu meiner Verbindung mit Hildegund Gerhart", brach es über Wolfgangs Lippen mit bitterem Lachen, „statt dessen erfuhr ich anderes und noch dazu solches." Er wandte sich kurz um zum Fenster.

In Herrn Johanns Seele stieg es heiß auf. Wohl war er ein seiner Leidenschaft gegenüber willenloser Mensch, wohl griff er nach jeder Möglichkeit, sich zu retten, wie ein Ertrinkender nach dem Strohhalm, aber so schlecht war er nicht, daß nicht der Gedanke an seines Sohnes vernichtete Hoffnung ihm tatsächlich Schmerz bereitet hätte.

Er trat zu ihm. „Wolfgang, ich weiß, ich bin ein schlechter Mensch, und ich will Buße tun, wie ich kann. Hätt' ich lieber —"

„Redet nicht weiter", unterbrach ihn der Angeredete finster, „es nutzt nichts. Ich will nimmer selbst entscheiden — sie soll es tun —, ich reite nach Marburg. O Vater, Ihr habt mehr angerichtet, als Ihr ahnet."

Ein kaum merkliches Aufatmen hob Johann von Breidenbachs Brust. Mochte sein Sohn reiten! Er kannte die Tochter wohl weniger, dafür desto besser Herrn Henne Gerhart. Er wußte, warum er nie mit ihm „Geschäfte" gemacht hatte!

Um weniges später jagte Wolfgang in die Nacht hinaus. Ungestüm fuhr ein kalter Wind daher, dunkles, zerrissenes Gewölk am Himmel treibend. Zuweilen blitzte ein Sternlein dazwischen auf, aber sonst war die Nacht finster und schwarz.

Es war Wolfgang gerade recht so. Wie brannte ihm seines Vaters Schande in der Seele! Er empfand nur ein Gefühl der

Erleichterung in dem Gedanken, daß niemand davon wußte. Aber wie lange noch, und alle würden es erfahren, alle!

Er sah im Geist seinen Vater kalt und tot vor sich liegen, er wußte nur zu gut, daß er eher diesen Weg gehen, als sich der Schande preisgeben würde. Nach dieser Seite hin besaß er den ganzen Stolz seines Geschlechts. — Und er — er selbst?

„Der Sohn des Vaters" würde man von ihm sagen, und er müßte zeitlebens noch mit dem Bewußtsein fertig werden, daß er seinen Vater, ihren guten Namen durch seine Heirat retten und vor Schande hätte bewahren können.

Dumpf stöhnte er auf und neigte den Kopf tief auf die Zügel. Diesen Weg zur Rettung konnte er nicht gehen, er konnte nicht! Hildegund aufgeben? Unmöglich! Erst jetzt wurde er sich der ganzen Größe seiner Liebe bewußt. Nun sollte er womöglich das ganze Erdenleben neben einem ungeliebten Weib hinbringen müssen, ob sie schon ein schönes und feines Mädchen war, wie der Vater gesagt hatte. Entsetzlicher Gedanke!

Vielleicht noch obendrein ebenso „schön und fein" wie der Ohm „edel und fürnehm" —, er lachte hart auf und packte die Zügel so fest, daß das Pferd unter ihm einen Seitensprung machte.

Aber schon ließ er die Zügel wieder locker. Ein Gedanke flog hin zu jener Unbekannten, die so gewaltsam in sein Leben gedrängt wurde. Arme Maid, auch sie eine Betrogene, Verkaufte!

Und Hildegund, seine Hildegund! Wie würde sie es aufnehmen, es tragen? Er knirschte mit den Zähnen vor Grimm. War denn hier kein Ausweg? Keiner?

Sein Vater hatte nur zu recht, keiner! Hinner Montselig hatte nur zu gut gewußt, was er tat.

Und wenn er nun doch alles laufen ließe, wie es wollte, bei seiner Weigerung beharrte?

Er drehte sich im Kreise mit seinen Gedanken. Es war, um den Verstand zu verlieren!

Konnte aber der Sohn für des Vaters Schuld?

Wolfgang hob den gesenkten Kopf — hier zeigte sich vielleicht ein Weg! Wenn Henne Gerhart die ganze Sache von dieser Seite ansehen würde, und er, Wolfgang, es wirklich darauf ankommen ließe?

Er lachte bitter auf. Nein, so verwirrt war er doch nicht, um sich nicht zu sagen, daß er niemals glücklich werden könne mit dem Bewußtsein der Schuld an seines Vaters Ende.

So jagten die Gedanken durch seinen Kopf, nirgends war ein Ausweg! Torheit von ihm, nach Marburg zu reiten! Was sollte er dem Wächter am Ketzerbachtor sagen, wenn er jetzt mitten in der Nacht dorthin kam? Wer sollte ihn im Gerhartschen Hause hineinlassen? Was wollte er dort sagen?

Nur einen gab es dort, Justus, der sollte ihm raten helfen. Aber das hatte auch noch bis zum Morgen Zeit. Da tauchte eine Herberge neben ihm am Wege auf, kurz entschlossen weckte er den Besitzer, stellte sein Pferd unter und streckte sich bald auf einem dürftigen Lager aus. So wartete er, bis der Morgen kam.

Herrn Henne Gerharts ausgedehnte Geschäftsräume lagen in der Barfüßerstraße. Er gehörte zu den wenigen Kaufherren, die angefangen hatten, ihre Wohnhäuser von den Geschäftsräumen zu trennen. Sie wollten nicht die Unruhe des geschäftlichen Lebens in die Familien mit hineintragen, sagten sie.

Hier saß an diesem kühlen Morgen Justus Gerhart im großen Arbeitszimmer, das sich dicht an die anderen Räume anschloß, und rechnete. Der Platz am Tisch ihm gegenüber war leer. Dort saß sonst der Vater, heute war er aber zu einer Ratssitzung gegangen. Das war Justus gerade lieb, da brauchte er sich nicht im besonderen zusammennehmen und ein gleichmütiges Gesicht zu zeigen. Es wäre ihm heute etwas schwer geworden.

Wie lange schon drängte er Eyla, ihre heimliche Verlobung den Eltern mitzuteilen, sie um ihren Segen zu bitten, aber Eyla wollte nicht. Sie bat ihn immer, es bis Weihnachten zu lassen, und auf seine bestürmenden Fragen hatte sie nur die eine Antwort, sie wisse nicht, was es sei, aber ihr sei so bange. Die Muhme sei so merkwürdig zu ihr geworden, wohl herzlicher denn je, aber jeden Tag müsse sie zur Messe gehen, und als sie neulich einmal angefangen habe, von einer Aussteuer zu reden, da hätte sie sogar ganz ernsthaft erwidert: „Wozu? Du wirst doch nie heiraten."

Justus sah darin nichts als einen guten Scherz, aber Eyla blieb dabei, es wäre Ernst gewesen. All diesem hatte er eben nachgedacht, als die Türe ohne weiteres geöffnet wurde und Wolfgang eintrat.

Überrascht sprang Justus auf. „Ei sieh, solchen Überfall nenne ich Wolfsart" — aber mit einem Blick in des Freundes Gesicht unterbrach er sich bestürzt — „was ist geschehen?"

Er zog ihn neben sich auf eine geschnitzte Bank, und in abgerissenen Sätzen erzählte Wolfgang ohne jede Einleitung. Mehr als einmal unterbrach ihn ein zorniger Ausruf von Justus.

Nun war er zu Ende und vergrub das Gesicht in beiden Händen. Justus aber war aufgesprungen und durchmaß das Gemach mit schnellen, erregten Schritten. „Ich kann's nimmer fassen", stieß er endlich heraus und blieb vor dem Freunde stehen, „es ist alles zu ungeheuerlich."

„Zu ungeheuerlich und doch wahr", murmelte Wolfgang, „und nirgends ein Weg."

„Zum Henker", rief Justus aufgebracht, „diesem Hinner Montselig muß doch noch zu begegnen sein. Er hat die Bedingung gestellt: Heirat oder Anzeige beim Kurfürsten. Schön, laß ihn anzeigen, wir verschaffen deinem Vater das Geld!"

„Der Kurfürst oder besser unser junger Landgraf hat das seine", unterbrach ihn Wolfgang, „es handelt sich nur um die Schuld beim Hinner Montselig. Und ob mein Vater seinen

Verpflichtungen gegen unseren Herrn nachkam – glaubst du, der Kurfürst ließe ihn in Amt und Würden, so er von dem Handel Kenntnis bekäme? Mit Schimpf und Schande würde er ihn davonjagen."

„Laßt es darauf ankommen", entgegenete Justus hitzig, „mag er die Folgen seiner Schuld tragen, so leid es mir um dich ist. Für dich ist schon hier im Geschäft ein Platz."

Wolfgang lächelte trübe. „Du kennst meinen Vater nicht. Noch ehe der Hinner seine Botschaft an den Kurfürsten gebracht hätte, wäre mein Vater nimmer! Darin kenne ich ihn, die Schande würde er nimmer überleben. Und möchtest du mit solchem Bewußtsein leben, du hättest deinem Vater nur diesen Weg offen gelassen?"

„Nein", sagte Justus jetzt langsam, „du hast recht."

„Und noch eins", fuhr Wolfgang düster fort, „wie würde sich, selbst wenn ich alles darauf ankommen ließe, dein Vater zu mir stellen? Würde er die einzige Tochter dem Sohne solchen Mannes geben?"

Justus hatte sich zum Fenster gewandt. Der Vater! An ihn hatte er noch gar nicht gedacht! Er kannte dessen strenge Ehrbegriffe.

Eine Pause trat ein.

Wolfgang deutete sich des Freundes Schweigen richtig. „Siehst du", sagte er leise.

Lange blieb es still im Zimmer.

„Grüß Hildegund von mir", sagte er dann und stand schwerfällig auf, „sage ihr –", er brach ab, seine Stimme schwankte.

„Ich sage ihr alles", erklärte Justus, „so nur kann und wird sie verstehen. Es würde ansonsten zu schwer für sie sein. Aber, Wolfgang", fuhr er aufgeregt fort, „nun sollen auch wir uns wegen dieser unseligen Geschichte meiden? Unmöglich! Es würde zu falschen Vermutungen führen, das geht nimmer. So schwer solches euch beiden auch sein mag, aber du mußt hin und wieder zu uns kommen. Eyla wird Hildegund beistehen, und ich will ein Zusammentreffen zwischen euch verhindern, wo ich nur kann."

„Ich komme, so ich mich in etwas darein gefunden habe", erwiderte Wolfgang finster, „denn was du mir sagtest, überlegte ich gleichfalls schon. Sag Hildegund, ich leide wohl mehr denn sie! Ich will fort, Justus, hab Dank für deine Freundschaft! Ich will tragen als ein Mann, was mir aufgelegt ist. Just, kommt dies nun von den Heiligen oder vom Teufel? Was würde Doktor Luther dazu sagen?"

Justus sah ihn betroffen an. „Nimmer von den Heiligen, Wolfgang, ansonsten —"

„Ansonsten könnten sie zum Teufel fahren, jawohl", sprach dieser verbissen. „Also denn vom Teufel, und da kann man nimmer gegen an! Leb wohl!" Damit war er gegangen.

Justus setzte sich wieder an seinen Platz, aber zu arbeiten war ihm unmöglich. Helle Empörung loderte in ihm über Johann von Breidenbach, aber viel tiefer ging ihm der Jammer des Freundes und seiner Schwester. Ihm wurde heiß und kalt, wenn er daran dacht, welche Botschaft er Hildegund bringen mußte. Hier mußte ihm Eyla helfen. Er ging zeitiger heim als sonst und hatte eine lange Unterredung mit seiner Braut.

Sie weinte bitterlich und sagte nur immer wieder: „Arme Hildegund, arme Hildegund!" Dann aber schmiegte sie sich innig und zärtlich an ihn. „Just, wenn zwischen uns so etwas treten würde! Ohne dich — lieber aus dem Leben gehen!"

Er drückte sie fest an sich und strich ihr über das dunkle Haar. „Eyla, wie kommen dir nur solche Gedanken! Zwischen uns kann ja gar nichts treten. Ich hätte an Wolfgangs Stelle vielleicht doch anders gehandelt, ich weiß nimmer! Du mußt Hildegund anjetzo viel sein, ihr etwas von dem Sonnenschein geben, den du in mein Leben gebracht hast."

„Können die lieben Heiligen dies zulassen?" fragte sie schaudernd und löste sich sanft von ihm. „Ich meinte noch immer, sie achten und merken auf unser Flehen und unsere Wünsche?"

„Beinahe das gleiche fragte Wolfgang", entgegnete Justus nachdenklich. „Wie gerne möchte ich einmal mit Doktor Luther darüber reden. Ob er gerade sehr viel von ihnen hält? Er betonte immer die Gnade Gottes in Christo, doch erinnere ich mich, er sprach auch mit Hochachtung und Ehrfurcht von den Heiligen."

„Ich will nicht übel reden", sagte Eyla leise, „aber daß sie Hildegund nicht vor diesem Kummer behüteten, ärgert mich. Die heilige Elisabeth mag mir vergeben."

Der Abend war vergangen, die Nacht gekommen.

In ihrem Gemach mit den weißen Vorhängen und den kissenbelegten, geschnitzten Stühlen saß Hildegund still am Fenster, die Hände krampfhaft ineinandergeschlungen, die Lippen zusammengepreßt. Eyla saß leise schluchzend neben ihr und streichelte zärtlich die goldblonden, halb gelösten Haare. Justus stand vor ihnen, es würgte ihn wunderlich im Halse, er sprach kein Wort.

So schonend wie möglich hatte er ihr vorhin alles gesagt, jetzt nahm er liebevoll ihre Hände. Sie waren eiskalt, wie um Hilfe bittend sah sie ihn nun an. Dann schüttelte sie den Kopf.

„Er durfte nicht anders handeln", flüsterte sie tonlos, „und hätte er wollen, so hätte ich ihn auf diesen Weg weisen müssen. Ich bitte euch, laßt mich jetzt allein."

Eyla wollte nicht, sie bangte um Hildegund.

Aber diese sah sie mit todtraurigem Lächeln an und sagte: „Sei ohne Sorge um mich, die Heilige Jungfrau wird mir helfen, nur geht!"

Da gab sie zögernd nach, sie fühlte selbst, diesen Kampf mußte Hildegund allein durchkämpfen, in diesem Leid allein sein!

Die Nacht breitete sich über die Welt — —

Alle ruhten im Hause, auch Eyla, die sich wohl in den

Schlaf geweint hatte, aber doch glücklich war in dem Bewußtsein, Justus zu gehören.

Nur hier oben rang verzweifelt ein Herz. Vernichtet waren mit einem Schlag alle hoffnungsfrohen Blüten, arm und leer lag das Leben vor ihr, kein Strahl ewiger Liebe und Gnade drang in die Finsternis. Mild lächelnd blickte die Heilige Jungfrau herab auf das fast verzweifelte Mädchen, das sich an sie anklammerte in seiner Angst und Not, bis bleierne Müdigkeit den zarten Körper überfiel und ein kurzer, schwerer Schlaf ihm die Augen schloß.

Zur gleichen Zeit saß Hinner Montselig zu Laasphe seiner Nichte Elsabetha von den Gießen gegenüber. Beide hatten sie den gleichen kalten Blick aus dunklen Augen. Elsabethas Gesicht zeigte regelmäßige, feine Züge, auf denen allerdings ein hochmütiger Ausdruck lag, aber ihr Ohm Hinner war mit seiner Hakennase und dem lauernden Zug im Gesicht geradezu unangenehm zu nennen.

„Also in acht Tagen kommt der Freier, mein Töchterchen, und mit der Hochzeit warten wir auch nimmer lange."

„Wie Ihr wollt, Herr Ohm", sagte sie gleichgültig, „ob der oder ein anderer, ist eins." Sie stand auf und ging mit kurzem Gruß hinaus.

„Dir, aber nicht mir", knurrte Hinner hinter ihr her, „ich wollte just den Breidenbach für dich. Wirst ihn schon liebgewinnen, ihr Weiber seid alle eins, wenn's ein Mann ist."

Elsabetha aber starrte mit brennenden Augen in die Nacht hinaus — „verkauft — betrogen!"

Sie wußte ja, sie hing von dem Ohm ab. Manchmal hatte sie schon daran gedacht, ins Kloster zu gehen, aber ihr graute vor den Mauern, die die Welt ausschlossen. Sie liebte die Welt! Mochte denn ihr Schicksal seinen Gang gehen! Sie wollte schon den Kampf aufnehmen, wenn sie vom Ohm fort war. Kein Gedanke an den Mann, dem sie gehören sollte, und an seine Empfindungen kamen ihr, kein Vorsatz stieg in ihr auf, ihnen beiden das Leben erträglich oder leicht zu gestalten, sie dachte nur an sich. Das eine war ihr allerdings lieb, daß sie gut versorgt war und in ein altes Geschlecht hineinheiratete.

Ein schneller Gedanke flog ein Stücklein weiter zu der Mühle unten an der Lahn und zu dem stattlichen Müllersohn, dessen feurige Blicke sich zuweilen tief in die ihren gesenkt hatten, daß ihr das Herz ungestüm klopfte. Sie ertappte sich dabei, wie eine Träne ihre Wange herabrollte — da warf sie den Kopf stolz zurück und sagte hart: „Ob der oder ein anderer" — und ging schlafen.

Im Garten hinter dem schönen Patrizierhause auf der Wettergasse Nr. 18 ging Eyla zwischen den zahlreichen Rosenstöcken auf und ab und schnitt da und dort eine späterblühte Rose. Sie wollte der Muhme einen kleinen Strauß ins Zimmer stellen, und einen anderen sollte Hildegund haben.

Mild und warm schien die Oktobersonne hernieder, aber es sah im Garten schon recht herbstlich aus. Eyla mußte jenes Tages gedenken, wo sie mit Hildegund hier Rosen schnitt, um die Zimmer für die Heimkehr von Justus zu schmücken.

Justus! Ein süßes Lächeln glitt über ihr schönes Antlitz, heute war die lange Wartezeit zu Ende. Heute abend wollte er mit dem Vater reden, heute abend wurde sie seine Braut vor aller Welt! Tränen des Glücks rollten über ihre Wangen, in innigem Dankgebet zu den Heiligen faltete sie die Hände. Wenn nur nicht die Muhme so merkwürdig geworden wäre! Erst heute früh hatte sie ihr zärtlich über die Wangen gestrichen, aber dabei mit Tränen im Auge so traurig ausgesehen. Als Eyla erschreckt fragte, was ihr sei, lächelte sie schon wieder und wollte keine Träne oder trauriges Gesicht wahrhaben.

Vielleicht hatte sie auch zuviel gesehen. Eyla war schon wieder beruhigt und dachte mit glühenden Wangen daran, daß Justus ihr gestern abend zugeflüstert hatte: „Weihnachten feiern wir im eigenen Heim."

Nur Hildegunds Leid warf einen Schatten auf ihr Glück. Wie bewunderte Eyla ihre Base! Mit keinem Wort hatte sie seit dem schrecklichen Abend von der Sache gesprochen, welch ein starker Geist mußte in ihr wohnen! Eyla freilich und Justus wußten sehr genau, woher ihr oft bleiches Aussehen kam, und der Blick, mit dem sie zuweilen in die Weite sah, schnitt Eyla jedesmal ins Herz.

Welch namenlose Pein mußte es ihr bereitet haben, als Justus vor acht Tagen zu der Hochzeit des Freundes nach Biedenkopf geritten war. Und das viele Reden darüber im Hause, als die Einladung zu der Hochzeit kam! Eyla hätte um Hildegunds willen allen den Mund zuhalten mögen und durfte doch nichts sagen. Es waren schreckliche Tage gewesen. Da war allen aufgefallen, wie blaß Hildegund war, aber sie hatte gelächelt und erklärt, sie litte in der letzten Zeit sehr an Kopfschmerzen. Daraufhin wurde sofort beschlossen, daß sie im nächsten Frühjahr etliche Monate in die Rhön zur Erholung gehen sollte.

Als sie jedoch am Abend mit Justus und der Base allein war, hatte sie zu ihnen gesagt: „Auf eurer Hochzeit will ich noch sein und mich eures Glückes freuen, alsdann nehme ich den Schleier. Ich habe schon an Schwester Apollonia dieserhalb geschrieben, ich möchte in Wienhausen bei Celle eintreten."

Tief erschrocken hatten beide sie mit Bitten bestürmt, bei den Eltern zu bleiben, aber Hildegund beharrte bei ihrem Entschluß. Nun trösteten sich Justus und Eyla immer nur damit, daß es den Eltern gelingen werde, sie umzustimmen. Wenn aber nicht, es war ja für jede Familie ein Stolz, eins ihrer Glieder „geistlich" zu sehen; wäre hier nur die Veranlassung keine so schmerzliche gewesen!

Und Wolfgang, was würde er sagen, wenn er es erfahren würde! Die Hochzeit mußte ja mehr eine Trauerfeier als ein Freudenfest gewesen sein nach dem, was Justus ihr erzählt hatte. Sie schüttelte sich, wenn sie daran dachte!

Nur wenige Gäste waren auf den Biedenkopf gekommen, aber ein auserlesenes Mahl und alte Weine hatte es gegeben. Herr Johann von Breidenbach und Hinner Montselig hatten den letzteren fleißig zugesprochen, wahrscheinlich wollte jeder etliche Gedanken beim Anblick des Brautpaares herunterspülen!

Wolfgang hatte schweigend und ernst dagesessen, war aber zu seiner Braut ritterlich-freundlich, „wie ich es von ihm nicht anders erwartete", sagte Justus dazu.

Die Braut hatte fast nichts gegessen, auch nur gesprochen, wenn Wolfgang sie anredete. „Mit einem Wort, es war eine schauderhafte Hochzeit", schloß Justus seinen Bericht.

Hildegund hatten sie nichts erzählen wollen, aber diese fragte den Bruder ganz unvermittelt: „Ist Wolfgang ruhig geworden?"

Justus erwiderte verhalten: „Ruhig anscheinend wohl, aber —", da war sie hinausgegangen, ohne den Schluß zu hören.

Eyla seufzte. Nun legte sie die Rosen in ihr Körbchen und ging durch den Garten hinauf in ihr Zimmer. Aus dem Wohnzimmer der Muhme Magdalene nebenan drangen Stimmen, es war wohl Besuch da. Die Tür war nur angelehnt, und so hörte Eyla deutlich, daß Pater Nikolaus Ferber der Besucher war.

Da will ich nicht stören, dachte sie, setzte sich ans Fenster und nahm eine feine Stickerei vor. Es sollte ein Kissen für Justus werden, und sie richtete ihre ganze Aufmerksamkeit darauf, ohne auf die Stimmen nebenan zu achten.

Plötzlich fuhr sie auf. „Meine arme Eyla — es ist gut, daß sie den Jammer, der uns bevorsteht, nimmer miterleben mußte", sagte die Muhme traurig.

Von wem redeten sie? Von ihr konnte doch nicht die Rede sein? Nein, sie atmete auf, man sprach wohl von ihrer Mutter, von der sie nicht viel mehr wußte, als daß sie auch Eyla geheißen habe. Und dennoch kroch es eiskalt in ihr empor, und eiskalt wurden ihre Hände. Und nun hörte sie den Pater bedrückt antworten: „Längere Frist als bis Neujahr können wir ihr nimmer geben, ob sich uns gleich das Herz umdreht. Und ist gut, so Ihr sie jetzt schon vorbereiten wollet, Muhme Magdalene, damit es sie nimmer zu hart trifft. Auch kann ich mich banger Besorgnis wegen ihrer und des jungen Justus nicht erwehren."

„Ich zittere davor, Pater, daß Ihr recht habt, will es mir selber doch oft so erscheinen. Dennoch hilft es alles nichts, meiner armen Eyla darf kein irdisch Glück erblühen."

„So wenig wie ihrer unglücklichen, heißgeliebten Mutter", sagte mit seltsam rauher Stimme der Pater dazwischen.

„Und ich möchte", fuhr die Muhme fort, „daß sie hier in Haus Nazareth eintritt —" weiter hörte Eyla nichts mehr! Wie ein wildes Meer brauste es um sie, es wurde ihr schwarz vor Augen. Nur jetzt nicht die Besinnung verlieren, nur klar bleiben und denken! Sie wußte jetzt, man sprach von ihr, und sie mußte handeln. Justus! Ob sie den Namen laut gerufen — ihn gedacht hatte, sie wußte es nicht, sie empfand nur instinktiv: Zu ihm!

Sie flog mehr, wie sie lief, die Treppe hinab und auf die Straße hinaus zur Barfüßerstraße, zum Geschäft Henne Gerharts hin. Es kam ihr nicht zum Bewußtsein, daß sie im Hauskleide war, nicht, daß die Leute ihr nachschauten, sie fühlte nur eins: Justus!

Oben bei der Muhme hatte man einen leisen Aufschrei gehört. Als sie erschreckt in Eylas Zimmer blickte, war es leer. Nur die Rosen zeugten, daß sie dagewesen war.

Bestürzt blickten sich die beiden an. Pater Nikolaus fand am ersten Worte: „Es ist vielleicht am besten, wenn sie etwas gehört hat" — es sollte wie eine Beruhigung klingen —, „so ist Euch das Schlimmste erspart, Fräulein Magdalene. Die Heiligen meinen es gut mit uns."

Muhme Magdalene schüttelte den Kopf. „Hätte ich erst die nächsten Stunden und Tage hinter mir!"

Der Pater ging sehr bald, und nun rang sie in zitternder Angst um Eyla die Hände vor ihrer Schutzheiligen, der heiligen Elisabeth — aber vergeblich!

In dem großen Geschäftszimmer saßen sich Vater und Sohn an den mächtigen eichenen Tischen gegenüber und arbeiteten. Im Kamin brannte trotz des milden Tages ein lustiges Feuer und verbreitete behagliche Wärme. Tiefe Stille herrschte, keiner störte den anderen durch ein unnötiges Wort. Da wurde plötzlich die Türe aufgerissen. Unwillig ob der Störung sahen beide Gerharts auf, doch der Unwille wich sofort heftigem Erschrecken.

Bleich, zitternd an allen Gliedern, stürzte Eyla herein und hing im nächsten Augenblick am Halse von Justus, ohne auf Herrn Henne zu achten.

„Ich — soll — ins Kloster", stieß sie hervor.

Aufs höchste erschreckt, preßte Justus sie an sich. „Eyla, fasse dich, beruhige dich! Um der Heiligen willen rede nicht solche Torheit!"

„Nicht wahr, Just, du läßt mich nicht", rief sie zitternd dazwischen und klammerte sich fest an ihn.

„Niemals", versuchte er sie zu beruhigen, „ich lasse dich nimmer, und hier, unser Vater, der hilft uns." Damit ergriff er Herrn Hennes Hand.

Der hatte zuerst in maßlosem Staunen, dann aber mit schnellem Verständnis zugesehen, und als Justus ihm nun in kurzen Worten von ihrer Liebe sprach, nickte er leise mit dem Kopf.

„Ich wollte Euch heute abend um Euren und der Frau Mutter Segen bitten", schloß Justus. „Was nur solches zu bedeuten hat — ich weiß es nimmer."

Das Mädchen hatte sich inzwischen ein wenig gefaßt; es war, als ob schon allein die Nähe von Justus beruhigend auf sie wirkte. Nur hielt sie ihn noch immer fest, als könne er ihr jeden Augenblick genommen werden.

„Keine liebere Schwiegertochter könntest du mir bringen

als unsere Eyla, mein Sohn", sagte Herr Henne bewegt. „Der allmächtige Gott und die lieben Heiligen mögen euren Bund segnen."

Liebevoll drückte er einen väterlichen Kuß auf Eylas Stirne. Heißes Rot stieg in ihren Wangen auf, dankbar sah sie ihn an.

„Und nun wollen wir hinsitzen, und mein Töchterchen erzählt erst einmal, was sie in solche Aufregung gebracht hat", fuhr der Vater gütig fort. „Kommt, hier am Kamin ist es am besten."

Da wich die Röte aus Eylas Gesicht. Sie wurde wieder totenbleich, und zitternd berichtete sie das wenige, was sie gehört hatte. Herr Henne wurde immer aufmerksamer und ernster.

„Nimmer lasse ich dich dem Kloster!" rief Justus in größter Erregung und riß sie in seine Arme. „Du hast falsch gehört, Eyla, mußt falsch gehört haben."

„Gemach, mein Sohn", sagte Henne langsam dazwischen, „es kann natürlich keine Rede davon sein, daß Eyla ins Kloster gehen soll. Da müßten denn mehr als zwingende Gründe dazu sein. Ich stehe euch bei, seid dessen gewiß. Immerhin will mir scheinen, als sei hier eine Sache im Spiel, die mir in meinem eigenen Hause verborgen worden ist. Komm, Justus, wir geleiten Eyla heim und erforschen alsdann Näheres. Vor allem beruhige du dich, mein Kind" – gütig strich er Eyla über das blasse Gesicht –, „wir kämpfen für dich, sei dessen sicher."

Man war zu Hause nicht wenig erschrocken, als Vater und Sohn mit Eyla ins Wohnzimmer traten und Herr Henne seine Frau sowie Hildegund aufforderte, mit ihm hinauf zur Muhme zu kommen. Frau Agnete blickte fragend in sein ernst, fast streng aussehendes Gesicht, ahnte aber nicht im entferntesten, um was es sich handeln könne. Als sie aber in der Muhme Antlitz sah, wußte sie genug, und ihr wurde ganze Gewißheit nach Herrn Hennes ernsten Worten.

„Das Kind kam bleich und verstört zu uns, liebwerte Muhme", begann er mit einem Versuch zu lächeln, „sie hätte gehört, sie solle ins Kloster. Und da sie seit heute", er erhob seine Stimme, „mit meiner Einwilligung und meinem Segen die verlobte Braut meines Sohnes Justus ist, möchte ich Aufklärung."

Ein lauter Aufschrei der Muhme unterbrach ihn, seine Frau aber schlug beide Hände vors Gesicht. Da war das Schreckliche, was sie geahnt hatte, und es traf — ihren Sohn!

Mit fragendem, fast finsterem Gesicht sah der Hausherr seine Frau und die Muhme an, indes Eyla sich wie ein zitterndes Vögelchen an Justus schmiegte. Hildegund stand an ihrer anderen Seite und hatte angstvoll ihre Hand gefaßt. „Mir scheinet, in meinem Hause ist etliches ohne mein Wissen zwischen euch Frauen verhandelt worden", sagte jetzt Herr Henne Gerhart streng, „ich verlange Klarheit."

Da richtete sich Magdalene von Twern hoch auf und sagte würdevoll: „Es ist nichts zwischen uns gewesen, Henne Gerhart, was Ihr nimmer hättet wissen dürfen, sondern nur, was Euch um einer Toten willen verschwiegen wurde. Diese Tote aber ist deine Mutter, Eyla, und sie war die Schwester deiner Muhme Agnete hier. Du stehst zu den Gerharts in engster Verwandschaft, nicht nur in ferner, wie es bisher alle glaubten und glauben sollten. Was ich euch allen heute sage, hättest du schon an deinem Namenstage wissen sollen, da war es der gute Pater Nikolaus, der noch ein halbes Jahr Aufschub brachte. Und dann hoffte ich dich allein zu unterrichten ..." Ihre Stimme schwankte, sie schwieg einen Augenblick.

Doch nun sprach sie weiter, und auf ihrem freundlichen, alten Gesicht lag der ganze Schmerz, den diese Geschichte in ihr Leben gebracht hatte. „Und so, mein geliebtes Kind, ist dein Eintritt ins Kloster eine Sühne für der Eltern Schuld und Leid, aber auch, und solches wohl am meisten, ein Opfer für das Seelenheil deiner unglücklichen Mutter", schloß sie.

„Eyla", nur dies eine Wort kam über Justus' Lippen. Sie hörte ihn nicht – bewußtlos lag sie in seinen Armen.

Er trug sie rasch auf ein Ruhebett, und Frau Agnete und Hildegund mühten sich um sie. Herr Henne aber stand vor der Muhme: „Nennet mir den Namen des ehrlosen Schurken, der solch Elend in unser Haus hineingebracht hat und heute neu hineinbringt."

„Nimmer, Henne Gerhart! Ein Schwur bindet meine und Agnetes Lippen, forscht also nimmer. Nur so viel sollt Ihr wissen: Er litt und leidet bis heute mehr, denn Ihr ahnet, er liebt die Tote bis heute! Der Mann ist gestraft genug, und Ihr, Henne, könntet doch nichts dazu oder davon abtun. Er hat gebüßt und wird bis an sein Ende büßen, daran laßt Euch genügen."

Er wandte sich, bis ins Innerste von dem Gehörten erschüttert, zum Fenster. Leise trat seine Frau neben ihn. „Zürnt mir mein geliebter Gemahl ob meines Schweigens?" fragte sie tieftraurig. „Es war mein einziges Geheimnis und drückte mir schier das Herz ab."

„Ich glaube es gerne, Agnete. Besser wäre gewesen, so du mir alles gesagt hättest, vielleicht hätte ich dennoch helfen können. Mit Gold erreicht man auch in der Kirche viel. Wer hat hier zu sorgen, daß das Gelübde erfüllt wird? Ach so, Pater Nikolaus. Ein verständiger Mann; ich werde mit ihm reden. Nichts soll mir als Opfer zu hoch sein, um unserem Sohne und Eyla das Lebensglück zu retten."

Frau Agnete wollte etwas sagen, schwieg aber. Herr Henne winkte ihr und Justus, mit ihm zu kommen, und sagte draußen zu seinem Sohne: „Du gehst mit mir zum Pater Nikolaus." Justus nickte finster. „Erwarte uns hier", sprach der Kaufherr zu seiner Gattin weiter, „und bitte die Heilige Jungfrau, unseren Gang zu segnen." Er nickte ihr zu und ging mit Justus fort.

Mit heißen Tränen lag Frau Agnete vor ihrem Hausaltar, aber kein Trost, keine Hoffnung wollte ihr kommen. Sie wußte auch nicht, was ihre Lippen betend flüsterten, sie wußte nur, ihres Sohnes Glück war zerstört.

Kaum hatten Vater und Sohn das Haus verlassen, als Eyla droben im Zimmer zur Besinnung kam. Sie öffnete die Augen und schaute fragend die Muhme und Hildegund an. Aber mit dem zurückkehrenden Bewußtsein kam ihr auch die furchtbare Wirklichkeit ins Gedächtnis. Nach einem leidenschaftlichen Aufschrei flehte sie: „Schützt mich, rettet mich vor dem Kloster! Ich kann ohne Justus nimmer leben, ich verliere den Verstand hinter den Klostermauern."

Selbst an allen Gliedern zitternd, suchten die beiden sie zu beruhigen. Sie wurde aber erst etwas stiller, als sie hörte, der Ohm und Justus seien zu dem Pater gegangen und wollten nichts unversucht lassen, sie von dem Gelübde der Mutter zu befreien. Eine heiße Stunde verlebten diese inzwischen bei dem Guardian des Franziskanerklosters. Der Pater war um einen Schein bleicher geworden, als Henne Gerhart ihm das eben Durchlebte erzählte und nun mit der Frage kam: Was tun, damit Eyla und auch Justus dies erspart bliebe?

Er legte ihnen zuerst statt einer Antwort den Brief jenes Franziskaners aus Eisenach vor, den dieser nach dem Tode der jungen Mutter ihm geschrieben hatte. Demzufolge war Eyla schon in der Taufe dem Kloster geweiht worden, eine Lösung war unmöglich.

„Ich werde sie aus dem Kloster lösen, glaubt mir, Pater, ich hole sie heraus!" fuhr Justus grimmig dazwischen.

Mit unendlicher Trauer sah der Pater ihn an. „Wie verstehe ich Euch, junger Freund, mehr als Ihr ahnet! Ich war auch einmal jung wie Ihr und war schon im Kloster —"

Er bedeckte die Augen mit der Hand und schwieg. Doch dann fuhr er fort: „Könnte ich Euch helfen, bei dem Allmächtigen, ich hätte es schon getan, ehe Ihr die Sache überhaupt erfahren hättet. Ich kann aber nimmer, o Gott!"

Einem Stöhnen gleich kamen die letzten Worte heraus, daß Henne Gerhart ihn erstaunt ansah.

„Pater“, sprach er dann erschüttert, „ich opfere der Kirche Gold, so viel wie Ihr haben wollt! Mir soll nichts zuviel sein, es gilt ja das Lebensglück meines einzigen Sohnes.“

„Kein Gold nützt“, murmelte der Mönch, „die Menschen sind der Kirche lieber denn das Gold.“

„Freilich, mit den Menschen bekommt sie ja auch deren Gold“, sagte Justus mit schneidendem Hohn dazwischen, „aber Ihr irrt Euch in diesem Fall, Pater Nikolaus! Und so ich bis zum Papst gehen müßte, Eyla muß und wird frei werden.“

„Und das ewige Seelenheil der unglücklichen Mutter Eylas, die so jung dahingehen mußte, gilt Euch nichts? Nichts das Seelenheil des unglücklichen Vaters? Nur Euer irdisches Glück? Und meinet Ihr, daß Ihr auf dieser Grundlage wirklich glücklich werden könntet?“ Wie eine bittere Klage hatten die Worte geklungen.

Betroffen sah Justus ihn an, der Kaufherr aber fragte langsam und schwer dazwischen: „So ist alles vergeblich?“

„Alles!“

„Wir geben es nicht so leicht auf! Wir kämpfen, Herr Pater, und werden uns an den Bischof wenden“, kam es jetzt mit eiserner Entschlossenheit von den Lippen Henne Gerharts, und Justus wiederholte ebenso: „Wir kämpfen weiter!“ Und mit kurzem Gruß schritten sie hinaus.

Als die Mönche später an des Guardians kleiner Zelle vorübergingen, die keiner ohne besonderen Ruf betreten durfte, hörten sie klatschende Geißelhiebe. „Er tut des Guten zuviel; man müßte ihm wehren, er geht ansonsten sicher drauf“, murmelten sie, wagten aber nicht, ihn zu stören.

Wie vernichtet war Eyla aufs neue zusammengebrochen, als sie das Ergebnis des Besuches bei Pater Nikolaus gehört hatte. Stumm hielt Justus sie in seinen Armen, die Züge fast verzerrt in seelischer Qual. Er schien um Jahre gealtert zu sein in diesen Stunden, in denen mit einem Schlage ein so jähes Geschick über die Bewohner des stolzen Patrizierhauses auf der Wettergasse Nr. 18 hereingebrochen war. Und all ihr Flehen, all ihre Gebete zu den Heiligen, alle Gelübde schienen erfolglos – schwarz und dunkel lag die Zukunft vor ihnen.

Der Abend war gekommen. Die Familie saß im Wohnzimmer beisammen. Es war, als wenn jeder Schutz und Hilfe bei dem anderen suchte und sich fürchtete, allein zu sein. Mit banger Sorge blickten sie auf Eyla, die bald leise vor sich hin weinte, bald in leidenschaftliche, wilde Klagen ausbrach.

„Ich soll jetzt den Heiligen dienen und verachte sie!" schrie sie eben auf. „Ich soll ihnen zu Ehren leben und hasse sie, ich kann leben ohne sie, aber nicht ohne Justus!"

Fast entsetzt hörten die anderen diese Worte, keiner vermochte zu antworten. Da stand Hildegund plötzlich vor ihr. Ihr Gesicht leuchtete weiß im Scheine der Lampe, ihre blauen Augen schienen übernächtlich groß, das volle blonde Haar glich einem Heiligenschein um ihr Antlitz. „Folge mir, Eyla", gebot sie und faßte des Mädchens Hand.

Überrascht blickten sich die Gatten an, so hatten sie ihre sanfte Tochter noch nie reden gehört. Eyla sah sie an, ließ sich dann emporziehen und ins Nebenzimmer führen.

„Komm, Muhme", sagte Hildegund über die Schulter weg, und schnell folgte diese.

Drinnen im anderen Zimmer führte Hildegund ihre Base zu einem Sessel, drückte sie hinein und blieb vor ihr stehen.

„Schäme dich", sagte sie, zwar ohne Härte, aber fest und bestimmt, „schäme dich, daß du gegen ein unabänderliches Geschick dich so auflehnst. Der Allmächtige weiß, wie wir alle dich davor bewahren möchten, aber es steht nimmer in unserer Macht. Eine Tote, so da mehr litt als du, erwartet von dir Sühnung ihrer Schuld, und du – du weigerst ihr solche!"

„Hör auf!" rief Eyla außer sich. „Du hast nie geliebt, du weißt nimmer, was es heißt, den geliebten Mann aufgeben zu müssen!"

„Eyla“, sagte Hildegund sehr schmerzlich, „bedenke doch, was du eben sagtest.“

Das brachte das Mädchen zur Besinnung. „Vergib mir“, bat sie etwas ruhiger, „ich hatte ja alles vergessen. Ja, du, du allein kannst mich verstehen, aber doch auch nimmer ganz. Du hast niemals dem Geliebten angehört wie ich.“

Sie barg das Gesicht in den Händen, Hildegund zog sie ihr fort. Muhme Magdalene horchte auf, rührte sich aber nicht.

„Eyla“, sprach Hildegund sanft, „du meinest, ich hätte es im Verzichten leichter gehabt als du? Wie sehr bist du im Irrtum! Du bist unendlich zu beneiden, denn du hast das Glück monatelang genossen, ich stand vor verschlossenen Türen, sehnte mich mit allen Fasern danach — und bin ganz leer ausgegangen. Und Wolfgang, auch er büßt anderer Schuld und trägt solches als ein Mann! Ich entbehrte mehr, als du jemals entbehren mußt! Dir bleibt die Erinnerung an euer Glück, mir nur das Leid. Eyla, jene Nacht, o wie war sie entsetzlich!“ Hildegund schlug einen Augenblick die Hände vors Gesicht und schwieg, aber nun sprach sie ruhig weiter: „Doch die Heilige Jungfrau half mir, und keine solch lästerlichen Worte kamen mir wie dir! ‚Der Weg der Pflicht ist hart und schwer, dennoch erblühen auch auf ihm Rosen‘, sagte Schwester Apollonia oft. Komm mit nach Wienhausen, wir treten beide dort ein, alsdann sind wir immer zusammen und tragen miteinander.“ Liebevoll strich sie der Base über das Haar. Da umschlang diese sie und weinte lange und heiß. Ruhig ließ Hildegund sie weinen; endlich sagte sie mit unendlicher Milde: „Nunmehr ist's fürs erste genug. Jetzt komm nach oben und lege dich nun, du bedarfst der Ruhe.“

„Aber bleibe du bei mir“, bat Eyla.

„Ich bleibe bei dir“, versicherte Hildegund, ging alsdann hinaus und winkte der Muhme zu.

Diese folgte leise mit nur mühsam unterdrückten Tränen — o ihr Heiligen, da hatte hier ein Herz solch Leid allein durchgekämpft, und niemand hatte davon gewußt!

Bald lag Eyla auf ihrem Lager. Hildegund saß bei ihr und strich ihr leise über die Stirne. Dann forderte die Natur gewaltsam ihr Recht, ein wohltuender Schlaf schloß Eylas Augen.

Wohl war sie für heute etwas ruhiger geworden. Aber noch manche bange Stunde, manche schwere, lange Nacht kostete es, ehe sie sich allgemach in die Unabänderlichkeit ihres Schicksals fügen lernte. Ohne Hildegund wollte sie jedoch fast keinen Augenblick mehr sein, an ihrem Beispiel richtete sie sich immer wieder auf. Ihr Eintritt ins Kloster war auf den Januar festgesetzt worden; das Weihnachts- und Neujahrsfest wollten sie noch einmal alle zusammen verleben.

Herr Henne Gerhart hatte sich inzwischen an den Bischof unter Klarlegung aller Umstände mit der Bitte um Eylas Lösung verwandt, war aber auch von diesem ablehnend beschieden worden. Eyla hatte nichts davon erfahren, damit sie sich nicht vergeblichen Hoffnungen hingeben sollte.

Um so mehr trug Justus daran. Aus dem lebensfrohen Jüngling war in dieser Zeit ein Mann geworden, der wortkarg und schweigsam seine Arbeit tat. Oft saß er untätig vor den Büchern. Mit geheimer Sorge beobachtete Herr Henne seinen Sohn. Er merkte, in ihm reifte ein Entschluß; aber welcher Art der sein könnte, ahnte er nicht.

So saßen sie sich wieder einmal gegenüber; da warf Justus plötzlich den Kiel fort, sprang auf und ging einige Male im Zimmer auf und ab. Jetzt blieb er vor dem Vater stehen und sprach: „Es geht nimmer so weiter! Zürnet mir nicht, liebwerter Herr Vater, so ich Euch sage, ich kann nimmer im Geschäft bleiben. Es lag mir schon früher nicht viel an — um Eylas willen war's mir lieb und recht geworden. Nun ist mein Glück dahin, da reget sich mächtig in mir die Sehnsucht nach der Wissenschaft. Laßt mich gen Wittenberg ziehen!"

Das war's also! Henne Gerhart seufzte tief auf und begann dem Sohn alles mögliche vorzuhalten, daß er überwinden und wieder froh werden würde, daß viele Gründe da wären, die sein Bleiben notwendig machten.

„Ihr habt wohl recht, Herr Vater", entgegnete Justus, „doch so Ihr mich wieder ruhiger und stiller sehen wollt, lasset mich ziehen. Hier werde ich es nimmer."

Der Vater versprach heute nichts. Er hoffte doch noch, den Sohn zu überzeugen. Aber auch die Mutter bat vergeblich, und so blieb ihnen schließlich nichts übrig, als nachzugeben, und Herr Henne tat es endlich mit bitterschwerem Herzen. Ein dumpfes, schweres Empfinden beschlich ihn, als ob er seinen Sohn für immer verlieren sollte.

Eyla dankte es Justus nur mit innigem Händedruck, als sie von seinem Fortgang hörte. Als nun aber auch Hildegund mit ihrer Bitte, den Schleier nehmen zu dürfen, zu den Eltern kommen wollte, war es Justus, der sie mit Bitten beschwor, ihnen das jetzt nicht anzutun. Auch Muhme Magdalene stellte ihr alles vor, und endlich bat sogar Eyla, wenigstens vorläufig damit noch zu warten, daß Hildegund schließlich zögernd nachgab.

So war der Winter gekommen. Scharfer Nord wirbelte Schneeflocken durch die Luft, an den Dächern und Mauervorsprüngen hingen Eiszapfen.

Justus hatte heute schon früh satteln lassen, um nach Biedenkopf zu reiten, dem Freund einmal das Herz auszuschütten und Lebewohl zu sagen. Er sah nichts von der winterlichen Schönheit ringsum, seine Gedanken waren schon in Wittenberg und bei dem Augustinermönch Luther, den er gleich nach seiner Ankunft aufsuchen und mit dem er reden wollte.

Er war schon in der Nähe des Städchens, als auf einem Seitenpfad ein Reiter auf ihn zuhielt. Erst als dieser dicht heran war, sah Justus auf, und nun zügelte jener sein Roß und rief erstaunt: „Zum Teufel, bist du's, Just? Hätt' dich fast nimmer erkannt."

Ebenso erstaunt sah dieser den andern an — „Du, Wolf?"

Prüfend tauchten ihre Blicke ineinander – „Und was ist dir geschehen?" fragte Wolfgang schwer, sein Pferd neben Justus zwingend. „Komm, der Wald ist einsam; dort stört uns niemand!" Sie bogen auf einen stillen Waldweg ein – „So, und nun rede!"

Mehr wie einmal zügelte Wolfgang sein Tier, während Justus sprach; nun packte er dessen Arm, als er fertig war und rief: „Nach Wittenberg, sagst du? Herr Gott, wer da mit könnte!" Dann riß er sein Pferd, daß es sich bäumte.

„Eyla im Kloster! Lachen könnte man darüber, so es nimmer derart entsetzlich wäre! Nun, die Kirche macht ja wieder einen guten Fang und die ‚Heiligen' auch." Er lachte spöttisch und schneidend.

Justus sah ihn groß an. „Du bist sonderbar, Wolfgang."

„Tja", machte dieser, „wundert dich solches?" Er preßte sein Pferd dicht neben Justus und sagte hart: „Führe ein Leben wie ich, kühl, höflich, fremd nebeneinander, einen kalten Blick aus den Augen, wenn du versuchst, ein Gespräch anzuknüpfen, und wisse dabei, es ist die zukünftige Mutter deines Geschlechts und drüben, hinter den Bergen, diejenige, nach der man – na, lassen wir das; es hat alles keinen Zweck."

Sie schwiegen beide.

Dann fuhr Wolfgang fort: „In der Zeit meines glücklichen Brautstandes gelobte ich den Heiligen, über mein Vermögen zu opfern, so sie mich vor diesem ‚Eheglück' bewahrten. Du siehst, wie sie mich erhört haben. Seitdem weiß ich, was ich von ihnen zu halten habe. Aber gen Wittenberg möchte ich mitziehen."

„So komm", sprach Justus erregt, „was hält dich?"

„Die Pflicht gegen mein Weib, so Mutter meines Kindes werden wird", sagte Wolfgang sehr ernst.

„Ah!"

„Wie geht es deiner Schwester?" fragte nach einigen Augenblicken der Ritter. Justus antwortete in wenigen Worten, daß sie Eyla zuliebe den Schleier nehmen wollte.

Mit blassem Gesicht schaute Wolfgang ihn an. „Nein, nein, das — das darf sie nicht! Um Eylas willen? Du glaubst solches auch nicht, so wenig als ich! Sage ihr, ich hätte nimmer Ruhe, wüßte ich sie hinter den Mauern. Sie soll bei den Eltern und frei bleiben."

„Ich will solches ausrichten", antwortete Justus gepreßt.

So kamen sie zur Burg. Frau Elsabetha begrüßte den Gast. Es war ein anderer Empfang, als ihn die Gäste im stolzen Patrizierhause auf der Wettergasse Nr. 18 hatten. Justus fror dabei!

Trotzdem lächelte sie freundlich, aber die schönen braunen Augen blickten kalt und abweisend.

Die beiden Gatten verkehrten ganz so, wie Wolfgang gesagt hatte, kühl, höflich und fremd. Doch bemerkte Justus recht gut, daß sein Freund sich mühte, ritterlich und aufmerksam zu seiner Frau zu sein. Ein unendliches Mitleid faßte ihn mit Wolfgang. Er kannte sein weiches, liebewarmes Herz und wußte, wie er leiden, doppelt leiden mußte. Vielleicht, daß es anders wurde, wenn das Kind erst da war. Mochte es die Heilige Jungfrau geben!

Wolfgangs letztes Wort, als Justus wieder Abschied nahm, war ein Gruß an Doktor Luther und die Bemerkung: „Ich sehe ihn doch wieder."

Ein stilles, trauriges Weihnachtsfest verlebte die Familie; dann trat Justus seine Reise an. Er wollte fort sein, wenn Eyla aus dem Hause schied.

Zum letzten Male preßte er sie so fest an sich, als wollte er sie nicht mehr lassen, und ließ sie dann doch jählings los und stürzte hinaus. Und acht Tage später schlossen sich hinter Eyla die Pforten des Hauses Nazareth in der Untergasse.

Mater Benedikta, die Oberin, die schon lange mit Frau Agnete und Magdalene von Twern bekannt war, nahm Eyla mit mütterlicher Wärme an ihr Herz. Sie gelobte sich, diesem Mädchen eine besondere Stütze zu sein — und ahnte heute nicht, in welcher Weise dieses einmal der Fall sein sollte.

Das Haus Nazareth gehörte zur dritten Regel des heiligen Franziskus, also zum gleichen Orden wie Pater Nikolaus. Er als Guardian war ihr Vorgesetzter, der sie mit Messelesen, Predigten und Beichtehören versah. Besonders übten diese Schwestern das Amt als Krankenpflegerinnen, deshalb auch Muhme Magdalene so gerne Eyla dorthin haben wollte. Da war das Mädchen doch nicht so ganz abgeschlossen von der Welt, und zudem – Muhme Magdalene wußte, beim Pflegen der Kranken und beim Ansehen fremden Leides trug man am eigenen leichter.

Mehr als eineinhalb Jahre waren vergangen. Es war im Spätherbst des Jahres 1518.

Über den Lahnbergen lagerten dichte Nebelwolken; feucht und kalt war die Luft. In den Gärten lag das gelbe Laub zu Haufen in den Wegen, und der Wind fuhr drein, es immer wieder aufwirbelnd; kahl und schwarz standen die Bäume da.

Stürmisch war das Wetter, aber ein ganz anderer Sturm als der äußere fuhr durch die deutschen Lande und nahm an Heftigkeit immer mehr zu.

Mit einem Blitz aus heiterem Himmel hatte er vor einem Jahr, am 31. Oktober 1517, angefangen, und die Hammerschläge, die die 95 Thesen an die Schloßkirche zu Wittenberg anschlugen, tönten wie anhaltendes Donnerrollen, das stärker und stärker wurde, statt abzunehmen. Mit greller Fackel hatte der hagere, bleiche Augustinermönch in die Zustände der Kirche mit ihrem Ablaßhandel und weltlicher Üppigkeit hineingeleuchtet, und die Kunde von den 95 Thesen war in vierzehn Tagen durch Deutschland, in vier Wochen durch die ganze Christenheit geflogen, „als wären die Engel selbst Botenleute". Mit Begeisterung traten Doktor Luthers Studenten und seine Freunde für ihn ein; die Schriften, die er für Laien veröffentlichte, den „Deutschen Sermon von Ablaß und

Gnade", „Auslegung des Vaterunsers für die Laien", fanden reißenden Absatz und Verbreitung.

Ein großes Aufhorchen ging durch das ganze Volk, ein befreiendes Aufatmen, „daß doch einmal einer gekommen war, der da reingriffe". Man konnte sicher sein, allerorts immer als erste Frage zu hören: „Wißt Ihr Neues aus Wittenberg?" Und die große Scheidung fing allmählich und langsam, aber sicher an.

Ganz besonders war dies in Marburg der Fall. Der Magistrat und Rat der Stadt war mit wenig Ausnahmen der neuen Richtung freundlich gesinnt. Zu den wenigen aber, die schroff dagegenstanden, gehörte auch Herr Henne Gerhart. Er stimmte darin ganz mit Pater Nikolaus Ferber zusammen, der Luther einen Ketzer nannte und mit eiserner Festigkeit und Zähigkeit an der heiligen Kirche hing.

In scharfen Worten redete der Kaufherr oft zu Hause von der neuen Richtung, die dieser tolle Mönch in Wittenberg einschlug, dies „ausgemachte Kind der Bosheit", wie der Heilige Vater ihn genannt hatte. Er bangte nur etwas um Justus, der immer noch in Wittenberg war und gar nicht daran dachte, nach Hause zu kommen. Im Gegenteil! Er hatte dem Vater erst vor kurzem mitgeteilt, daß er sich beim Studieren sehr wohl fühle und hoffe, bald seinen Doktor zu machen. Von der neuen Lehre und dem Doktor Luther kein Wort.

Henne Gerhart mußte, so schwer es ihm war, seinem Sohne freie Hand lassen, war aber damit sehr zufrieden, daß er sich augenscheinlich um die Dinge in Wittenberg nicht kümmerte.

Die Muhme verhielt sich schweigend bei solchen und ähnlichen Erwägungen des Hausherrn, die er abends gerne aussprach. Noch war die Zeit nicht gekommen, daß er erfahren durfte, was sie schon lange wußte. Denn bereits seit mehr als einem halben Jahr stand sie mit Justus in geheimer Verbindung, kannte durch ihn alle Vorgänge in Wittenberg sehr genau, hatte alle Schriften Luthers von ihm geschickt bekommen und wußte, daß er nicht nur zu den näheren Freunden des Doktors zählte, sondern sein Schüler geworden war.

Im ersten Brief, den er ihr durch einen Geheimboten gesandt hatte, schrieb er: „O Muhme, wenn man also das Evangelium ausgelegt erhält und mit dem herrlichen Mann seines Herzens Fragen durchsprechen kann, lernt man erst verstehen, was man an seinem Herrgott hat. Nun ich mit all meiner Not zu ihm kam, ist mir's leichter geworden zu tragen, was er mir auferlegt. Ich weiß, daß Ihr auch nicht allzusehr an den lieben Heiligen hängt, und Eyla —; Muhme, versucht es, direkt zum Erlöser zu gehen, und bringt solche Botschaft auch ihr! Ihr werdet erfahren, Ihr erhaltet Frieden und Stille. Dem Herrn Vater teilt noch nichts davon mit! So die Zeit gekommen ist, erfähret er solches von mir selber."

Sie hatte seinen Rat befolgt. Fast verschlang sie Luthers Schriften. Ja, das war, was sie brauchte, wonach sie sich gesehnt hatte! Weit, weit öffnete sie ihre Seele der freien Gnade Gottes in Christo, und ein stilles, großes Freuen war in ihr.

An Eyla aber glitt alles ab. Still und ernst waltete sie ihres Amtes in Haus Nazareth in der Krankenpflege, die sie erlernt hatte, und kam allen vorgeschriebenen Gottesdiensten pünktlich nach. Aber von dem, was die Muhme ihr jetzt gelegentlich bei ihren Begegnungen sagte, wollte sie nichts wissen. Mit müdem Lächeln wehrte sie ab: „Laßt, Muhme! Mir nützt solches auch nichts mehr, so wenig als mir die Heiligen nützten. Diese wissen auch, daß ich ihnen nur diene, weil ich muß. Ich bin auch zu müde, um mich mit Neuem zu befassen." Selbst als die Muhme Justus ins Feld führte, hatte sie nur die Entgegnung: „Für ihn mag solches gut sein, das muß er wissen. Er stehet ja auch inmitten des Lebens, ich nicht." Da gab die Muhme seufzend ihre Bemühungen vorläufig auf.

Desto besser wurde sie von Frau Agnete verstanden. Diese krankte unter dem traurigen Geschick ihres Sohnes, und vergeblich hatte sie wieder und immer wieder bei den Heiligen Trost und Zuflucht gesucht und ihnen Opfer gebracht. Zuerst mit ungläubigem Staunen und dann mit Herzklopfen hatte sie von Muhme Magdalene über Luthers Leben gehört; bald aber ging auch ihr das Herz auf, und nun saßen sie beide manche Stunde zusammen und lasen immer wieder in Luthers Schriften.

Nun hatte Frau Agnete wieder ein Geheimnis vor ihrem geliebten Eheherrn, mußte es vorläufig haben, bis Justus reden würde. Oh, wie ihr davor bangte! Sie kannte ihren Gemahl, sie wußte, daß er bei aller Güte und Milde doch auch von unnachsichtlicher Strenge sein konnte, wenn es sich um das handelte, was er für recht hielt und erkannt hatte.

Es war kurz vor Weihnachten, als Herr Henne eines Tages zornentbrannt zu ihr kam. „Denke dir, Agnete, schickt mir der Junge, der Justus, die Schriften jenes ketzerischen Mönches aus Wittenberg und schreibt mir dazu, ich möchte solche eingehend lesen und studieren, ich würde viel Gutes darin finden. Ins Feuer habe ich sie geworfen, nicht anrühren wollte ich sie — und nun gar erst lesen! Alsdann habe ich ihm geschrieben, er solle sofort gen Marburg heimkehren oder von Wittenberg fort und auf eine andere Universität ziehen."

Frau Agnete war tief erschrocken. Doch sie beherrschte sich und sagte nur: „Vielleicht wäre es richtiger gewesen, Ihr hättet die Schriften gelesen, um besser urteilen zu können, mein Gemahl. Mich will bedünken, daß Justus seinen Weg allein wird gehen wollen. Befehlen wird er sich nimmer von hier aus lassen, wenigstens nimmer in Glaubenssachen. Die Zeiten sind andere geworden, denn da wir jung waren."

Henne Gerhart strich sich mit der Hand durch das Haar, das anfing einen leichten grauen Schimmer zu zeigen. „Heiliger Franziskus, mich will bedünken, die Welt würde schlechter mit jedem Tag", murmelte er vor sich hin; „aber mit solch gotteslästerlichen Dingen, als sie dieser Mönch hervorbringet, wird sie weiß Gott nimmermehr gebessert! Der

Justus wird hoffentlich Vernunft annehmen und mir folgen, ich bleibe doch sein Vater.“ Ernst und kurz klangen die letzten Worte.

„Und so er solches nicht tut?“ fragte die Mutter bekümmert.

„Er muß, sage ich dir“, fuhr Herr Henne auf, „in solchen Dingen verstehe ich nimmermehr Scherz. Die Kirche stehet mir über allem und mit ihr unser Glaube.“

„Und so unser Glaube verdunkelt wäre? Wie böse es mit der Kirche bestellt ist, weiß mein Gemahl selber.“

„Wohl, doch Berufenere als solch armselig Mönchlein sollen sie alsdann reformieren, er ist nimmer dazu erkoren. Und in mein Haus soll solch Gift nie und nimmer eindringen dürfen.“

Mit kurzem Gruß schritt er hinaus und ließ seine Frau in banger Sorge zurück. Wie, wenn er nun erfahren würde, daß auch sie eine Anhängerin der neuen Richtung war!

Zum ersten Male seit nunmehr fast drei Jahren stand Wolfgang von Breidenbach vor dem Hause auf der Wettergasse Nr. 18 und begehrte mit dem Klopfer Einlaß. Sein Besuch galt Fräulein von Twern. Justus hatte einen Brief an die Muhme in den seinen beigelegt und dem Freunde geschrieben, daß er sich mit der Muhme über Luthers Schriften und alles andere wohl aussprechen könne.

Da hatte Wolfgang nicht widerstehen können, er ritt gen Marburg. Als er Muhme Magdalene gegenübersaß, sah diese ihn immer wieder an. War das derselbe von einst? Aber sie sagte nichts. Soviel anderes hatten sie von wichtigen Dingen zu reden, und Wolfgang wurde nicht müde, alles von Wittenberg zu hören, was Justus geschrieben hatte. „Mein Wunsch ist immer noch, einmal dorthin zu kommen und selber mit dem Luther reden zu können“, sagte er endlich, „und ich mache solches auch noch wahr. Gelegenheit wird sich schon finden.“

„Von Herzen wollt ich's Euch gönnen", entgegenete die Muhme. „Könntet Ihr gut von Hause fort? Ich vernahm, daß Euer Herr Vater bald nach Neujahr das Zeitliche gesegnet hat."

„Ja, mein Vater ist nicht mehr!" Er stütze den Kopf auf. „Justus schrieb mir, Ihr wüßtet alles, vieledles Fräulein —"

„Alles", sagte Magdalene warm, „Ihr könnet also offen reden."

Einen Augenblick schwieg er, dann sprach er leise: „Mein armer Vater hat all das Schwere, so er in sein und mein Leben hineinbrachte, bitter gebüßt. Er ist aber im Frieden heimgefahren. Um all das Neue, was sich jetzt Bahn bricht, hat er sich nimmer bekümmert. Seine einzige Freude waren meine beiden Kinder, Egbert und Hella. Der Bub ist eindreiviertel Jahr alt, das Mägdlein sechs Monde. Sie sind auch meine einzige Freude."

Er brach ab und sah traurig vor sich hin. Dann sprach er langsam weiter: „Elsabetha ist die gleiche wie zu Anfang, freundlich, kühl. Wie habe ich mich gemüht, ein gut Einvernehmen herbeizuführen, vergeblich! Und kann doch nimmer sagen, daß wir in Unfrieden leben. Aber an ihrer Kälte scheitert alle Wärme. Auch zu den Kindern ist sie nicht von übergroßer Zärtlichkeit, doch sorgt sie gut für sie. Ich schätze und achte sie als mein Weib, die Mutter meiner Kinder; doch das beste fehlt uns beiden."

Tiefer Schmerz lag auf dem männlichen Gesicht, die blauen Augen blickten ernst. „Schier verlor ich meinen Glauben", sprach er weiter, „ich war auf dem besten Wege, ob allem zu lachen. Der Allmächtige bewahrte mich, ich danke ihm solches heute. Und nun finde ich in Luthers Schriften gar manches, so mir guttut. Dennoch ist mein Herz leer und trostbedürftig, und ich wollte, ich könnte mal mit ihm selber reden. Unser Herr, der junge Landgraf, hat mich nach dem Tode meines Vaters mit dem Biedenkopf als Burgherr betraut, so bleibe ich dorten wohnen. Vielleicht ist mir's im

Sommer vergönnt, einmal fortzuziehen. Jetzt im Frühjahr geht's nimmer."

Mit keinem Wort fragte er nach Hildegund. Die Muhme erzählte nun aber ungefragt von Eyla, Hildegund und auch von Frau Agnete.

Mit gesenktem Kopf hörte er zu. Nun aber stand er auf. „Zu lange schon nahm ich Eure Zeit in Anspruch, vieledles Fräulein. Gern ging ich Frau Agnete begrüßen —"

„Geht nur, Wolfgang", ermutigte sie, „doch", unterbrach sie sich, „sie ist nimmer daheim. Sie unternahm mit Hildegund zusammen einen Ausgang."

Er atmete auf. „So darf ich durch den Garten gehen, ohne zu stören? Ich tät' solches sehr gerne."

Muhme Magdalene verstand ihn. „Geht", sagte sie milde.

Und nun schritt er langsam durch die wohlbekannten Gänge. Wieder war es Frühjahr wie einst! Hier und dort blieb er stehen, wo er mit Hildegund zusammen gesessen hatte, und das ganze Weh um sein verlorenes Glück lag auf seinem Antlitz.

Er ahnte nicht, daß das Mädchen hinten in der Laube mit angstvollen Blicken ihm entgegensah. Sie war früher heimgekommen als die Mutter und hatte hier allein sein wollen. Also dies war Muhmes Besuch, von dem die Magd geredet hatte! Ungesehen zu entschlüpfen, war nicht möglich, so preßte sie die Hände auf die Brust und flehte zur Heiligen Jungfrau, er möge umkehren, aber er kam näher — näher — und jetzt —

Wie festgewurzelt blieb er stehen.

Da raffte sie alle Kraft zusammen, beherrschte sich mit äußerster Gewalt und ging ihm etliche Schritte entgegen: „Grüß Gott, Herr von Breidenbach!"

„Vieledles, liebwertes Fräulein", er trat in den Eingang zur Laube, „ich wähnte Euch nimmer zu Hause", sagte er, und sie erwiderte leise: „Ich kam früher, als ich dachte —"

Das Gespräch stockte. Die beiden Menschen, die sich so

unendlich viel hätten sagen können, sie fanden nun keine Worte.

Wolfgangs Atem ging schwer. Sein Blick hing an dem holden Mädchen vor ihm, dessen feine, klare Gesichtszüge die Reife des Weibes trugen, die sie durch Schmerz und Leid erlangt hatte.

„Wie geht es Euch, Herr von Breidenbach?“ fragte Hildegund und wandte den Blick zu ihm hin – sein Auge nahm sie gefangen. Was sie darin sah, raubte ihr fast den Atem, wie abwehrend hob sie die Hand – den Mann verließ die Besinnung, er riß sie in seine Arme und drückte einen innigen Kuß auf ihre Lippen.

Einen Herzschlag lang lag sie an seiner Brust, fast bewußtlos lehnte sie sich mit geschlossenen Augen an ihn, nun machte sie sich heftig los und sank auf die Bank.

„Wolfgang, was tatet Ihr?“ stammelte sie entsetzt und schlug die Hände vor das Gesicht.

Das brachte ihn zur Besinnung. „Hildegund, vergebt mir! Ich konnte nicht anders! Verurteilt mich, weiset mich von Euch, ich gehe, aber ich konnte nimmer anders. Es ist manchmal zu schwer zu tragen.“ Er stand langsam auf und sah das bebende Mädchen mit unendlicher Liebe an. „Vergebt!“

„Mögen die lieben Heiligen uns beiden vergeben“, sagte sie mit sinkender Stimme.

„Vergeßt meiner nimmer in Euren Gebeten“, murmelte er. „Lebt wohl!“

Er ging.

Mit aller Mühe beherrschte sich Hildegund den Abend über, sie hatte es ja gut gelernt. Als aber Muhme Magdalene in ihr Zimmer kam, huschte sie leise hinterher, kniete vor ihr nieder und barg den Kopf in ihren Schoß. Sanft strich Magdalene über das schimmernde Haar: „Du hast ihn doch gesehen?“ fragte sie.

„Gesehen, Muhme – ach –“, und leise stockend sagte sie ihr von diesem Zusammentreffen. „Und nun, Muhme, nun muß ich beichten und büßen um dies Unrecht. O redet mir doch nichts dagegen, laßt mich gen Wienhausen ins Kloster, nur dort kann ich noch Ruhe finden und für ihn und mich büßen."

Muhme Magdalene zog das blasse, zitternde Mädchen neben sich auf einen Sessel und entgegenete: „Dort findest du so wenig Frieden wie hier, mein geliebtes Kind; aber ich will dir jetzt was anderes sagen —" Und sie begann in vorsichtig gewählten Worten aus Luthers Sermon über Ablaß und Gnade mancherlei zu reden.

Aufmerksam hörte Hildegund zu; wie erschien ihr doch alles so seltsam und neu!

„Woher kommt Euch solches?" fragte sie endlich.

„Justus schrieb mir's und sandte mir mancherlei Schriften des Doktor Luther."

„O ja, oft sprachen er — und Wolfgang von ihm", entgegnete sie, „da möchte ich gerne mehr davon wissen."

„Gerne, nur darf der Vater vorläufig nimmer davon ahnen."

„Ich weiß, Muhme, deshalb sprach ich auch nie davon, daß ich schon manches von Luther wußte", erwiderte sie. Aber dann brach sie in Tränen aus. „O Muhme, alles das löscht nimmer den Brand im Gewissen durch den heutigen Nachmittag! Nie, nie dürfen wir uns wiedersehen! Und beichten muß ich solches doch."

„Ja, Kind, deinem Gott", sprach Magdalene mit starker Stimme dazwischen, „keinem Menschen!" Sie nahm ihre eiskalten Hände und fuhr fort: „Wiedersehen dürft ihr euch freilich nicht, das heißt nicht so bald, dieweil es für euch beide eine Gefahr wäre. Erst wenn ihr beide gelernt haben werdet, euch als Freunde gegenüberzustehen ohne anderes Begehr, alsdann dürft ihr euch nicht nur wiedersehen, sondern auch in Freundschaft verkehren. Aber erst dann, früher nimmer! Eure Liebe zueinander mit all ihren Wünschen war keine Sünde, solange Wolfgang nicht in diese Ehe hineingezwungen wurde. Sie würde aber Sünde für euch beide werden, so ihr jetzt mit dem nur schlecht unterdrückten Begehr euch wiedersehen und verkehren wolltet. Und nun werde ganz ruhig, mein Kind, und überlaß dich dem Vater im Himmel, der dir helfen wird, auch ohne daß du ins Kloster gehst."

Dankbar küßte das Mädchen die Hände der Muhme. „Habt Dank! Gebt mir Luthers Schriften, dann will ich gehen."

Muhme Magdalene gab ihr die beiden „Sermone", wie Luther sie genannt hatte, und saß noch lange, nachdem Hildegund fort war, den wunderlichen Führungen im Leben nachdenkend.

Über dem lieblichen Lahntal mit der arbeitsfrohen, schönen Stadt Marburg lag der tiefe Friede eines wonnigen Septembertages. Strahlend blau wölbte sich der Himmel über den Bergen und Wäldern, über der Stadt mit ihrer stolzen Burg, und spiegelte sich in den klaren Fluten der Lahn. Der Wald begann sich zu färben und prangte in leuchtenden Farben, fallendes Laub deutete das kommende große Sterben in der Natur an.

Das Leben und Treiben in der Stadt ging seinen gewohnten Gang. Die Glocken luden die Gläubigen in die Kirchen zu den Gottesdiensten. Es war wie immer und doch so ganz anders!

Mit steigender Heftigkeit tobte der Sturm, der von Wittenberg her ausgegangen war; immer schärfer kamen die Gemüter aneinander. Einen „Sermon" nach dem anderen schenkte Luther dem deutschen Volk, „Über Zinsnehmen und Wucher," „Über die Bereitung zum Sterben", „Über Buße, Taufe und Abendmahl", „Über den Bann, die guten Werke und die Zehn Gebote" handelten sie. So hatte noch nie einer zum Volk gesprochen. So klar war ihm Gottes Wort noch niemals gebracht worden. War's da ein Wunder, daß sich seine Anhängerschar von Tag zu Tag vergrößerte? Das helle

Licht der Wahrheit war angezündet worden, sein Schein breitete sich von Tag zu Tag mehr aus.

Das war's aber nicht allein, was in der ganzen Welt, so auch in Marburg, die Gemüter bewegte. Hier kamen noch die inneren Unruhen und Streitigkeiten im Hessenlande dazu. Manche sorgenvolle Ratssitzung wurde abgehalten; in mancher privaten Zusammenkunft klagten die Schöffen und Ratsvierer darüber, daß das Wort aus der Heiligen Schrift „Wehe dem Land, des König ein Kind ist" nur zu wahr sei! Waren schon vorher unter den Obervormündern und der Regentschaft der Landgräfin Anna Streitereien genug gewesen, so fingen sie erst recht an, als Philipp am 16. März 1518, erst vierzehnjährig, vom Kaiser für volljährig erklärt wurde und die Regentschaft seines Landes übernahm.

Zwar war er weit über seine Jahre hinaus gereift und ernst, aber ihm fehlte doch jede Erfahrung.

Auch im Reiche hatte es große Veränderung gegeben. Kaiser Maximilian war am 12. Januar 1519 gestorben und Karl V. gewählt worden. Wie sich nun des Reiches Wohl und Wehe gestalten würde, war nicht abzusehen, und so lastete es auf allen Ständen und Städten im ganzen Reich und im besonderen in Hessen wie ein schwerer Druck.

„Es ist wahrlich kein Vergnügen, Schöffe zu sein", sagte Henne Gerhart eines Tages, als er wieder aus einer Ratssitzung kam. „Ich wollte, wir wären erst fünf Jahre weiter im Land! Alsdann würde man klar in allem sehen können, und gar manche Fehderei unseres Herrn wäre vorüber."

„Ob's aber besser wäre als heute, bliebe zu fragen übrig", entgegnete Frau Agnete, die auf ihrem Fensterplatz im Wohnzimmer saß und an einem Kleidchen für ein armes Kind nähte.

„Nun, mit dem Wittenberger Mönch wird der Heilige Vater inzwischen hoffentlich fertig geworden sein, und so ist alsdann zum wenigsten eine Sache abgetan", antwortete Henne.

„Vielleicht ist er aber auch nicht abgetan", erwiderte Frau Agnete; „seine Schriften enthalten gar manch Gutes, solches mußtet Ihr neulich selber zugeben, mein Gemahl, nachdem Ihr darüber etliches hörtet."

„Nun ja, schon! Derowegen bleibt er aber doch der abtrünnige Mönch. Ich bewundere nur die Geduld des Heiligen Vaters, daß er nicht schon lange den Bannfluch auf ihn legte."

Zwei Briefe wurden dem Hausherrn gebracht.

„Ei sieh, der eine von Justus. Lange hörten wir nichts von ihm, und ich war dieserhalb schon zuweilen in Sorge. Ob er seinen Doktor bald hat? Zeit wird's wahrlich! Aber erst wollen wir mal den anderen Brief ansehen, ah, vom Junker von Nordeck! Was will der?"

Er öffnete und las; ein leichtes Lächeln glitt über sein Gesicht. Dann wurde er ernst: „Er will nichts mehr und nichts weniger denn unsere Hildegund", sagte er aufsehend, „da lies."

Frau Agnete nahm den Brief. „Sie wird nein sagen, wie schon so manchmal", sagte die Mutter, als sie gelesen hatte, „sie will nimmer freien, hat sie mir aufs bestimmteste erklärt."

„Jedenfalls reden wir mit ihr", erwiderte der Kaufmann und hatte inzwischen den Brief von Justus geöffnet.

Frau Agnete beobachtete ihn heimlich; bei jedem Brief zitterte sie, daß nun ihr Mann erfahren würde, wie Justus zu Luther stünde. Sie wußte, der sonst so ruhige, freundliche Henne kannte im Punkt der Religion keine Nachsicht. Und wenn er nun erst erfahren würde, daß auch sie, Muhme Magdalene und Hildegund ganz der neuen Richtung angehörten!

Ein aufmerksamer Ausdruck trat beim Lesen in seine Züge, seine Augen wurden größer, sein Gesicht bleich, da wußte sie, die Stunde der Aussprache war gekommen, für Justus — für sie!

„Bei St. Joseph", brach Henne Gerhart jetzt los, und zornig fuhr die Hand mit dem zusammengedrückten Brief auf den Tisch, „das ist stark, nein, das ist mehr als schändlich!" Er sprang auf und lief im Zimmer auf und ab. „Frau, höre, was unser Sohn fertiggebracht hat! O diese Verblendung von ihm! Das kommt davon, daß ich ihn aus dem Hause ließ!"

Er fuhr sich mit der Hand durchs Haar und lief wieder auf und ab. Jetzt blieb er vor ihr stehen. „Er hat sein Studium der Rechtswissenschaft aufgegeben und studiert Theologie. Mag er, so er will! Aber nun kommt das Ungeheuerliche, er studiert bei diesem — diesem Luther, heißt ihn seinen geliebten Lehrer und Freund, dem er folget in allem — da, lies selbst! Aber in mir hat er sich geirrt! Nimmer darf er mehr die Schwelle seines Vaterhauses betreten, so er unserem Glauben untreu wird, nimmer . . ."

„Halt ein", rief Frau Agnete aufspringend, „sage nichts, so du bitter bereuen würdest. Laß mich erst lesen."

Er bezwang sich mit Gewalt, und sie las sehr langsam, um Zeit zu gewinnen.

„Abscheulich, er muß heimkehren", sagte Herr Henne hart in die Stille hinein, „er muß —"

„Er wird es nimmer tun", sprach Frau Agnete jetzt tiefernst, „und er kann solches auch nimmer."

„Er kann nimmer? Und solches sagst du?" fragte Henne, bereits halb mißtrauisch. „Und warum nicht?"

Bleich, aber ruhig sah seine Frau ihn an. „Henne, vergib mir, er kann nimmer, weil Doktor Luther in allem recht hat, weil er die Wahrheit ans Licht bringt."

„Agnete, woher kommt dir solches? Hast du — nein, es ist nimmermehr möglich! — hast du seine Schriften gelesen?"

„Alle, mein Gemahl, und sie sind mir der Wegweiser zum Frieden der Seele geworden. Und nicht nur mir, auch der Muhme und Hildegund."

Mit jähem Aufstöhnen sank der Mann zusammen. Das war für ihn, der so fest an seiner Kirche hing trotz all ihrer Mängel, der furchtbarste Schlag!

„Agnete, sag, daß es nicht wahr ist! Du richtest eine

Scheidewand zwischen uns auf; mein Weib, das ich so liebe, will nicht mehr denselben Weg mit mir gehen –"

Weinend sank Frau Agnete neben ihm auf die Knie. „Henne, mein geliebter Mann, ich kann nimmer anders, wir können alle nicht anders! Meine Liebe zu dir ist die unverändert große, die mein ganzes Herz erfüllt; in allem will ich dir auch gehorsam sein, nur in diesem einen nicht, da kann ich's nimmer. Ich fand zuviel für mein Inneres in dieser neuen Lehre. Oh, lies doch die Schriften –"

Er schob sie zur Seite, stand langsam auf, griff nach dem Brief und ging schweren Schrittes hinaus. Frau Agnete aber flüchtete zur Muhme, wo sie Hildegund antraf. Als sie alles erzählt hatte, beugten die drei ihre Knie vor dem allmächtigen Gott in innigem Gebet. Getröstet erhoben sie sich. Wie war es so anders als sonst, wenn sie zu den Heiligen gefleht hatten!

Herr Henne war inzwischen zu Pater Nikolaus gekommen.

„Liebwerter Herr Gerhart, was ist geschehen?" empfing ihn dieser erschreckt. „Ihr sehet blaß und verstört aus gleich einem, der was gesehen hat."

Statt der Antwort reichte der Kaufherr ihm den Brief. Tief grub der Pater die Zähne in die Unterlippe beim Lesen, senkrecht stand eine Falte auf der Stirne. „Gut, daß er nimmer hier ist und den Unkrautsamen weiter ausstreuen kann", sagte er endlich scharf.

„Er tat solches allbereits", entgegnete Gerhart und berichtete dem Mönch alles.

In hellem Schreck schüttelte dieser immer wieder den Kopf. „Und Eyla?" fragte er plötzlich fast angstvoll.

„Von ihr sagte meine Frau nichts."

„Den Heiligen sei Dank", murmelte der Pater. Dann versuchte er, Herrn Henne zu trösten, redete ihm zu, es nicht an christlicher Liebe und Milde fehlen zu lassen und immer wieder zu versuchen, die Seinen mit Liebe und Ermahnung auf den rechten Weg zurückzubringen.

Allgemach beruhigte sich Henne Gerhart. Dann aber rief er in plötzlich wieder ausbrechendem Grimm: „Pater, und an dem allem ist jener Schurke schuld, der über die Schwester meines Weibes solch Unglück brachte. Hätte sie nicht in ihren Herzensnöten jenes unselige Gelübde getan, so wäre Eyla noch im Hause, Justus wäre nimmer gen Wittenberg zurückgegangen, und nimmer wären in mein Haus Luthers Schriften gekommen. Jener Mensch allein hat alles auf dem Gewissen! Pater, hätte ich den Schurken hier, niederschlagen könnte ich ihn mit meinen eigenen Händen!"

Er sprang auf, lief zum Fenster und kam wieder zurück. Auch der Mönch war aufgestanden und trat nun langsam auf ihn zu.

„Henne Gerhart", sagte er heiser und sein Gesicht schien fahl, „du würdest dem Mann mit solchem nur einen großen Gefallen und Dienst tun! Alsdann hätte sein Leben ein schnelles Ende. Ist es doch ohnehin für ihn eine Last, und büßet er Tag um Tag in bitteren Seelenqualen seine Schuld. Tue es, Henne Gerhart, schlag ihn nieder — der Mann — steht — vor dir!"

Wie erstarrt stand der Kaufmann zuerst da und stierte den Mönch an.

„Ihr?" keuchte er endlich und faßte taumelnd nach der Lehne eines Stuhles.

„Ja, ich!" rief Nikolaus Ferber mit dem Ausdruck tiefster Seelenqual. „Und nun hab Erbarmen mit mir, schlag mich nieder, oder — laß mich einmal, o nur einmal, alles, was ich gelitten habe, aussprechen."

Er zog den noch immer wie betäubt dastehenden Henne Gerhart neben sich auf eine gepolsterte Bank und begann halblaut zu reden. Er sprach von Agnetes Schwester Eyla, die er in der Messe gesehen und dann im Hause des Vaters kennengelernt hatte, sprach von ihrer beider Liebe, von der seinen, die bis heute brennende Sehnsucht nach der Toten trug, sprach von seinem bitteren Weh, niemals seine Tochter als solche nennen zu dürfen, und von dem Elend, in das er aufs neue hineingekommen war, als er ihr Lebensglück zerstören mußte. Noch viel sprach er, auch davon, daß unter der Kutte das menschliche Herz heiß schlägt — und Henne Gerhart hörte still zu.

Als er nach Stunden heimging, schied er von dem Pater mit festem Händedruck. Mehr denn je waren sie einig in ihrem Festhalten an der heiligen Kirche und ihren Lehren, und der Groll im Herzen Herrn Hennes gegen den Mann, der solch Elend in seine Familie gebracht hatte, war unsäglichem Mitleid mit dem unglücklichen Mönch gewichen. Aber mit keinem Wort wollte er zu Hause verraten, was er heute erfahren hatte. Als er heimkam, war es schon spät. Ein Licht erhellte für ihn den Vorflur, seine Frau hatte sich bereits zur Ruhe begeben.

Er trat an ihr Lager, beugte sich herab und drückte einen Kuß auf ihre Stirne. Innig umschlang sie ihn, und er zog sie an sich. „Unsere Liebe bleibt", sagte er leise, und mit heißem Dank gegen Gott schlief sie ein.

Der junge Kaiser Karl V. war im Herbst 1520 in Aachen gekrönt worden und hatte auf den 6. Januar 1521 seinen ersten Reichstag nach Worms einberufen. Alle leisteten sie dem Rufe Folge, die Herzöge, Kurfürsten, Erzbischöfe und Fürsten der weltlichen und geistlichen Herrschaft, dazu viele Ritter, Grafen und Edle.

Auch der junge Landgraf Philipp von Hessen rüstete sich, gen Worms zu ziehen, wo er öffentlich vom Kaiser mit der Landgrafschaft Hessen belehnt werden sollte. Ein großes Aufgebot seiner Räte und Edlen sollte ihn begleiten, und ein lebhaftes Treiben herrschte in Marburg, denn dort hielt der Landgraf augenblicklich Hof und stießen die Herren mit ihren Mannen zu ihm. Von hier aus sollte dann der Aufbruch nach Worms erfolgen.

Die Bürger Marburgs und ganz Hessens hatten in den

wenigen Jahren der Regierung ihres jungen Fürsten doch schon gut begriffen, daß er trotz seiner Jugend mit scharfem Verstand und großer Klugheit ausgerüstet war und es wohl verstehen würde, ihr Staatsschifflein um manche böse Klippe sicher herumzubringen. Zwischen dem Marburger Rat und dem Fürsten herrschte sogar ein sehr gutes Einvernehmen; alle freuten sich, ihn in ihrer Mitte zu haben und nahmen die Herren mit Freude und allen Ehren auf.

Unter diesen befand sich auch Wolfgang, Herr von Breidenbach auf Biedenkopf, auf besonderen Befehl des Landgrafen, und nur zu gerne war er diesem Befehl nachgekommen. Hoffte er doch von Herzen, jetzt den Doktor Luther zu sehen, vielleicht sogar mit ihm sprechen zu können, denn es war bereits bekanntgeworden, daß der kühne Mann auch nach Worms entboten worden war, um sich vor Kaiser und Reich zu verantworten.

Ein leiser Schreck durchzitterte Wolfgang, als er in der Stadt erfuhr, Herr Henne Gerhart hätte sich angeboten, ihn als Gast aufzunehmen, da die Ritterherbergen meist überfüllt waren. Dennoch – er nahm es an, es war ja nur auf einen Tag, und morgen schon brach der Zug auf. Außerdem hätte er sowieso das Haus in der Wettergasse aufgesucht, um die Muhme zu sprechen, mit der er seit jenem Besuch vor fast zwei Jahren in brieflicher Verbindung stand.

Freudig wurde er von Frau Agnete begrüßt, als er hinkam, aber mit geheimem Staunen sah er ihr ergrautes Haar und bemerkte den leisen Schmerzenszug in ihrem Gesicht. Bald nachher kam Henne Gerhart und dann auch Hildegund. Sie saßen alle zusammen wie einst.

Wohl war zuerst eine feine Röte in des Mädchens Wangen gestiegen, aber nun sprachen sie ganz unbefangen miteinander. Wolfgang fragte nach Eyla, nach Justus; als er jedoch dessen Namen nannte, verfinsterte sich Herrn Hennes Gesicht, und geschickt lenkte Wolfgang auf ein anderes Gebiet über.

Dann bat er, Fräulein Magdalene begrüßen zu dürfen. Als er dem freundlichen Matronenantlitz gegenübersaß, atmete er tief auf. „Gott sei gelobt, daß ich anjetzo mit Euch allein reden kann, wie ich möchte", begann er.

Sie lächelte. „Ging solches unten noch nicht ganz, Wolfgang? Nun, es kommt noch! Ich kam im übrigen deshalb nicht hinab, ich wollte Euch erst einmal allein sehen."

„Habt Dank dafür", antwortete er leise, „Dank für alles, so Ihr in diesen Jahren an mir getan habt."

„Nun, nun", wehrte sie ab, „im Grunde benutzte mich Gott der Allmächtige nur als sein Werkzeug. Doch wie ist's Euch ergangen? Euer letzter Brief liegt weit zurück."

„Ich wollte gerne selbst kommen", entgegnete er gedankenvoll, „die Zeit litt es nicht. Damals, Muhme, Ihr wißt, ich wußte nimmer, was tun in meiner Not — da kam Euer Brief. Danken will ich Euch in Ewigkeit noch dafür! Ich fühlte, daß jedes Eurer Worte Wahrheit war. Ja, hätte ich die Liebe damals genährt und behalten, sie wäre mir zu arger Sünde geworden. Da nahm ich den Kampf auf. Die Kraft holte ich mir aus den Lutherschriften, hauptsächlich gab sie mir mein Gott. Es war ein bitterer Kampf, nun ist er überwunden. Mit der Liebe, so ich anjetzo für Hildegund habe und haben werde, solange ich lebe, darf ich frei meinem Gott ins Auge sehen, und Euch und allen anderen dazu, Muhme. Sie ist frei von allem Begehr."

„Gelobt sei Gott", sagte die Muhme bewegt, „und es freuet mich innig, Euch sagen zu können, Hildegund steht ebenso."

Beide schwiegen lange. Dann aber begann Wolfgang von Luther zu reden, und nun vertieften sie sich in die letzten Schriftworte des Doktors: „Von dem babylonischen Gefängnis", „Von der Freiheit eines Christenmenschen", und die Muhme holte den Brief von Justus und las Wolfgang vor, was dieser ihr über die Verbrennung der Bannbulle am zehnten Dezember geschrieben hatte.

Als sie geendet hatte, fragte Wolfgang ganz erregt: „Und wie stellt sich Herr Henne nun zu allem? Er sah finster drein, da ich nach Justus fragte."

„Er steht fester denn je in der Kirche", erwiderte bekümmert die Muhme, „und er leidet sehr, viel mehr vielleicht, als wir ahnen, daß er jetzt so allein in der Familie steht."

„Auch ich stehe damit allein zu Hause", sagte Wolfgang trübe, „Elsabetha will nichts davon hören. Sie duldet auch nicht, daß in der Kinder Gegenwart davon gesprochen wird, so jung sie noch sind. Ich gebe ihr vorläufig nach, später freilich werde ich meinen Willen geltend machen."

Die Muhme nickte. „Und wie gehet es sonst?"

Wolfgang schwieg einen Augenblick. „Wie immer, Muhme, Ihr wißt solches. Ich trage mein Kreuz, sie muß das ihre ja auch tragen. Gern möchte ich ihr helfen, sie will's nimmer leiden. Mich dauert sie oft von Herzen, dieweil sie auch keinen Verkehr hat. Es ist schwer für sie."

Die Muhme sah nachdenklich vor sich hin, sagte aber nichts.

Dann erhob sich Wolfgang, er mußte fort zum Landgrafen aufs Schloß.

Am anderen Morgen brach der Zug auf, Wolfgang nahm Abschied von seinen Freunden. Da trat Hildegund an ihn heran. Groß blickten ihn die blauen Augen an, in ihren Tiefen leise Wehmut. „Ich hörte von Muhme Magdalene, Euer Gemahl sei immer so allein; würde Euch lieb sein, so ich sie einmal besuchen würde?"

Froh und dankbar nickte er. „O Hildegund, so Ihr solches möchtet!"

Sie lächelte freundlich. „Gern will ich's tun. Und nun reitet mit Gott, mein Freund!"

Über dem Biedenkopf lag grauweißer Winternebel und hüllte den ganzen Berg ein, tiefer Schnee deckte die Fluren.

Im Wohngemach der Burg brannte ein helles Feuer im

Kamin. Auf einem Fell davor spielten die beiden ältesten Kinder, Egbert und Hella, und in einer buntbemalten Holzwiege daneben lag Waltraut, das jüngste Kindlein, und schlief.

Es war die Mittagszeit, unmutig blickte Frau Elsabetha immer wieder zum Fenster, ob denn der Nebel heute gar nicht weichen wollte. Dann rief sie die Magd herein, daß sie auf die Kinder achtgeben sollte, und stieg nach oben, wo sie schon gestern ein Gastzimmer hergerichtet hatte. Und nun stand sie hier am Fenster und starrte hinaus — und sann —

Wochenlang war ihr Eheherr nun schon fort, aber die Zeit war ihr schnell enteilt. Denn bald nach dem Fortzug Wolfgangs hatte sie einen Brief sonderbaren Inhalts erhalten. Hildegund Gerhart, die Patriziertochter aus Marburg, hatte ihr geschrieben, nichts Besonderes, nur einen freundlichen Gruß, da sie annehme, die Einsamkeit auf dem Biedenkopf müsse ihr doch zuweilen recht drückend sein. Auch nach den Kindern hatte sie gefragt. Lange besah sich Elsabetha den Brief von allen Seiten. Ein sonderbares Gefühl beschlich sie; von den Gerharts hatte ihr Mann je und dann erzählt, auch den Namen Hildegunds erwähnt, sonst wußte sie eigentlich nichts von ihr.

Sie antwortete in ihrer Weise, freundlich und kühl, erzählte auch von den Kindern, aber nicht viel. Darauf kam sehr bald wieder ein Brief, und jetzt hatte Hildegund ihren Besuch auf etliche Tage angesagt. Heute erwartete Elsabetha sie. Mit geheimem Herzklopfen sah sie ihr entgegen, sie wußte nicht, sollte sie sich freuen oder nicht.

Mit ebensolchem oder noch viel stärkerem Herzklopfen saß Hildegund im geschlossenen Reisewagen, begleitet von zwei Knechten des Vaters. Die Eltern hatten sie nicht gern fortgelassen, aber dann gaben sie doch nach, und nun fuhr sie dem Biedenkopf zu, von dem sie einst mit seligen Hoffnungen fortgezogen war — vorbei!

Hatte sie sich nicht doch mit diesem Besuch zu Schweres

vorgenommen? Erst gestern abend noch sagte die Muhme zu ihr: „Kind, Kind, wird dir's auch nimmer zu schwer sein?"

Aber sie hatte den Kopf geschüttelt: „Nein, Muhme Magdalene, und ich möchte gerne, so es möglich wäre, auf Elsabetha ein wenig einwirken, damit sie beide glücklich werden."

Nun kam sie von Stunde zu Stunde dem Ziel näher – hier war der Platz, wo Wolfgang damals ihr zugeflüstert hatte: „Ich bringe Euch die Wunderblume, harret meiner und denkt mein." Sie preßte die Hände zusammen, eine Träne glitt langsam über ihr Antlitz.

Die Wunderblume war ihnen beiden erblüht und welk geworden vor dem Pflücken. Fort mit den Erinnerungen!

Und dennoch, ihre Liebe war still, wunschlos, ruhig geworden, aber gestorben war sie nicht! Sie lebte als abgeklärte, tiefinnerliche Freundschaft für Wolfgang, und wie gerne wollte sie versuchen, ihm und seinem Weibe etwas zu sein, damit sie sich vielleicht fänden.

Noch eine kurze Strecke, da lag der Biedenkopf vor ihr. Nun hielt der Wagen; dann standen sich die beiden Frauen gegenüber.

Prüfend tauchten ihre Augen ineinander. Elsabetha begrüßte ihren Gast mit kühler Freundlichkeit, so daß die warmherzige Hildegund zusammenschauerte. Doch mit der ihr eigenen, liebenswürdigen Anmut reichte sie der Burgherrin beide Hände hin und sagte: „Da habt Ihr mich, Frau Elsabetha! Nun gönnt dem Fremdling einige Tage an Eurem Herd – ach was, wir wollen ein paar schöne Tage zusammen haben und uns recht liebgewinnen, nicht wahr?"

Frau Elsabetha wurde es warm ums Herz. Unwillkürlich umfaßte sie das Mädchen – „das wollen wir!"

Die Kinder, die sehr bald vertraut mit „Muhme Hildegund" waren, halfen über die nächsten Stunden fort, und nach dem Nachtessen bat Hildegund, sich zurückziehen zu dürfen, sie wäre herzlich müde von der langen Fahrt.

Frau Elsabetha geleitete sie in ihr Gemach, dann ging sie in ihr eigenes Schlafzimmer, löschte das Licht aus und sah mit weitgeöffneten Augen in die Nacht hinein. Wie wenn es ihr jemand gesagt hätte, so gewiß war es ihr geworden, als sie Hildegund heute zum erstenmal gesehen hatte, daß es ihretwegen Wolfgang schwer gewesen war, eine andere zu freien.

Wie eine lichte Erscheinung war das Mädchen ihr vorgekommen mit dem schimmernden Haar, den großen blauen Augen. Ein eigenartiger Glanz lag darin. Auch wenn Hildegund lächelte, meinte man Tränen darin schimmern zu sehen.

Elsabetha preßte die Hände gegen ihre Augen. Ja, diese beiden, ihr Mann und Hildegund, die hätten zusammengepaßt, anders, ganz anders wie sie und Wolfgang – und dann wäre auch die stattliche schöne Mühle drunten an der Lahn nicht ohne Herrin geblieben. Ohm Hinner, was hast du auf dem Gewissen! Nicht eins, nein, vier Menschenleben hast du um ihr bißchen Erdenglück betrogen!

Und was Frau Elsabetha noch nie vorgekommen war, geschah ihr heute: Sie drückte den Kopf in die Kissen und weinte heiß und leidenschaftlich!

Da schrie Waltraut auf. Elsabetha schnellte empor und stand schon an der Wiege.

Ihre Kinder! Das einzige Band zwischen ihr und Wolfgang!

Wie empfand sie so tiefes Mitleid mit ihrem Mann und Hildegund. Sie sah plötzlich, daß sie ihm mit ihrem Wesen oft weh getan haben mußte, und sie nahm sich vor, ihm freundlicher zu begegnen, wenn er heimkehrte. Zu Hildegund aber empfand sie warme Zuneigung.

Auch diese lag mit offenen Augen auf ihrem Lager und sann. Die Kinder hatten sie ganz und gar eingenommen, sie liebte sie jetzt schon herzlich. Vor Elsabetha fürchtete sie sich fast ein wenig, aber sie wollte sie mit Liebe überwinden.

Drei Tage nur blieb Hildegund auf dem Biedenkopf. Als

sie dann zur Heimfahrt in den Wagen stieg, sagte Elsabetha nur: „Komm bald wieder, Hildegund, du hast mir sehr wohlgetan, und ich habe dich liebgewonnen."

Die Kinder aber bettelten: „Du kommst recht bald wieder, liebe Muhme."

Drei Jahre und darüber waren hingegangen. Man schrieb 1524. Der Hochsommer brütete mit seiner Sonne auf dem Land und reifte das Korn auf den Feldern. Die Bäume waren beladen mit Obst.

Es war ein taufrischer Morgen in den ersten Augusttagen, und mit Wohlbehagen atmete Hildegund die reine Morgenluft am weitgeöffneten Fenster ihres Gemaches ein. Vor ihr lag ein Neues Testament, und ein Abglanz jenes Friedens, von dem es im vierzehnten Kapitel Johannes heißt, „meinen Frieden gebe ich euch", ruhte auf ihren lieblichen Zügen.

Nicht mit einem Male und plötzlich war er ihr zuteil geworden, o nein, bange Zeiten innerer, schwerer Kämpfe hatte sie zu durchleben gehabt. Schier unfaßbar waren ihr zuerst die einfachen Lehren in Luthers Schriften erschienen, und ob ihr auch bald ihre tiefe Wahrheit einleuchtete, so galt es dann gar manches als nicht richtig anzusehen und zu lassen, worin sie in ihrer Kirche geboren und großgezogen worden war. Nicht nur das, sie sah auch, wie fest und treu ihr verehrter und geliebter Vater an seinem Glauben festhielt, sah, wie die Geistlichkeit, allen voran Nikolaus Ferber, an der Kirche und ihren Lehren hing. Kein Wunder, daß ihr daraus viele Fragen über Wahrheit und Irrtum und viele Kämpfe erwuchsen.

Dann brachte Doktor Luther im Herbst 1522 dem deutschen Volke das Neue Testament von der Wartburg mit. Hildegund erhielt das ihre von der Muhme geschenkt, und nun ging es ihr nicht anders wie ihrer Mutter und der Muhme selbst, die jede ebenfalls eins besaßen: Das göttliche Licht der Gnade beleuchtete ihr ganzes Leben, und sie lernte alle ihre Lebensführungen als Fäden ansehen, die in der starken und liebenden Vaterhand Gottes zusammenliefen.

Ganz anders Henne Gerhart. Er dachte nicht nur anders als sie, er hatte ihnen sogar vor einiger Zeit mit harten Worten verboten, das Neue Testament zu lesen und in seiner Gegenwart von der „Ketzerlehre" zu sprechen. Da war es aber gerade Hildegund gewesen, die ihm in aller Bescheidenheit, aber fest und bestimmt erklärt hatte, es ginge ihnen wie dem Doktor Luther zu Worms, „sie könnten nicht anders"!

Mit zusammengepreßten Lippen war er darauf hinausgegangen und schloß sich seitdem ziemlich von ihnen ab.

Frau Agnete litt schwer darunter, und einen ebenso tiefen Schmerz bereitete es ihnen auch, daß Eyla sich völlig ablehnend gegen alles verhielt. Wie oft hatten Hildegund und die Muhme versucht, der geliebten Base den Trost zugänglich zu machen, den sie gefunden hatten, alles war vergeblich. Eyla kam ihrem Beruf als Krankenpflegerin nach, tat still ihre Pflicht und war im übrigen am liebsten allein.

Mater Benedikta hatte sie mehr an sich gezogen, dafür war Muhme Magdalene herzlich dankbar. Erhoffte sie doch von hier aus nunmehr einen Einfluß auf Eyla. Denn Mater Benedikta hatte mit Frau Agnete in aller Stille sich ebenfalls viel mit Luthers Lehre und dem Neuen Testament beschäftigt, und gerade dies war es, was ihr mehr und mehr die Augen und das Herz öffnete für die vergebende Gnade Gottes in Christo.

Zu ihren Schwestern aber sprach Benedikta nichts darüber, so ahnte auch Eyla nicht, daß die von ihr zärtlich geliebte Mater Benedikta eine Anhängerin Luthers geworden war. Achtete sie doch überhaupt kaum auf etwas mehr, was in der Welt und um sie her geschah; sie lebte nur ihrem Gram und ihrer Pflichterfüllung.

Allmählich hatte sich Eyla ja in das Leben, das sie nun schon sieben Jahre führte, anscheinend hineingefunden. Pater Nikolaus freute sich heimlich darüber, konnte er doch als

Beichtvater des Hauses Nazareth sein Kind so oft sehen und sprechen, wie er wollte, und liebte er doch sein Kind fast noch mehr, wie er die unglückliche Mutter geliebt hatte!

Nur Hildegund ließ sich nicht täuschen. Ihr erschien Eylas Ruhe zu unnatürlich, um echt zu sein. Das Neue Testament, das sie ihr einmal geben wollte, wies sie zurück, und als Hildegund zaghaft meinte, Justus würde sich freuen, wenn sie es lesen würde, sagte sie mit klangloser Stimme: „Er ist tot für mich; nenne ihn nicht mehr vor mir."

Auch vor dem Vater durfte Justus' Namen nicht genannt werden. Henne Gerhart trug Leid um ihn wie um einen verlorenen Sohn, und eifrig unterstützte Pater Nikolaus ihn darin.

Desto inniger war die Verbindung der übrigen Familienmitglieder mit Justus. Längst stand er als evangelischer Pfarrer Luther zur Seite, geschätzt und geliebt von diesem, ein inniger Freund Melanchthons und Luthers. Was Justus mit dem verehrten und geliebten Mann erlebte und besprach, teilte er alles den Seinen mit, und so lebten sie trotz der Entfernung und jahrelangen Trennung ganz miteinander.

Und noch einer teilte mit Justus Freud und Leid, wenn auch ebenfalls nur brieflich, das war Wolfgang von Breidenbach auf Biedenkopf. Voller Begeisterung war er damals vom Reichstag heimgekommen, und fast atemlos hatten die drei Frauen im Gerhartschen Hause an seinen Lippen gehangen, als er ihnen von Luther erzählte und seinem überwältigenden Schlußwort: „Hier stehe ich, ich kann nicht anders, Gott helfe mir, Amen!"

Sie konnten nicht genug davon hören und erfragen, und wie groß war erst die Freude, als sie erfuhren, daß auch Justus mit unter den Freunden gewesen war, die Luther geleitet hatten, und Wolfgang auf diese Weise längere Zeit mit ihm zusammen gewesen war. Was gab es da alles zu erzählen!

Mit geheimer Freude beobachtete Muhme Magdalene, daß die machtvolle Gegenwart bei Wolfgang sowohl als auch bei

Hildegund hoch über dem Vergangenen stand, nun konnte Wolfgang oft kommen.

Und er kam, er teilte mit ihnen die Sorge um den großen Mann, den der Kaiser in die Reichsacht erklärt hatte und der dann plötzlich verschwunden war. Er teilte mit ihnen die Freude, als Justus ihnen schrieb: „Seid ohne Sorge, er kommt wieder, er ist in Sicherheit", und er teilte mit ihnen ihre persönlichen Sorgen und Kümmernisse.

Aber auch sein eigenes Leid teilte er mit ihnen. War es doch in seinem Heim mit Elsabetha nicht anders geworden, obgleich es zuerst bei seiner Heimkehr aus Worms so geschienen hatte. Er durfte nichts von Doktor Luther erwähnen, wollte er nicht den hellsten Zank im Hause haben, und hier stand auch Hildegund machtlos Elsabetha gegenüber.

Sie kam wohl des öfteren nach Biedenkopf, und die Kinder, zu denen noch ein kleiner Philipp gekommen war, hingen an ihr, aber die Mutter wachte mit peinlichster Aufmerksamkeit darüber, daß sie ihnen nichts vom Guten Hirten und von dem großen Kinderfreund Jesus erzählen durfte, wie sie es einmal versucht hatte.

Hildegund suchte sich je und dann zu ihrem Besuch auf dem Biedenkopf die Zeit aus, wenn Wolfgang nicht daheim war; aber sie scheute auch nicht mehr ein Zusammentreffen mit ihm. Das erstemal, als sie oben auf der Burg zusammen waren, hatte Elsabetha rasch von einem zum anderen gesehen — und dann Hildegund einen viel herzlicheren Kuß als sonst je gegeben.

So waren die Jahre dahingegangen, und all die persönlichen Angelegenheiten traten immer wieder zurück vor der großen Reformation der Kirche, die mehr und mehr in den deutschen Landen emporwuchs.

In seinem Zimmer im Franziskanerkloster in der Barfüßerstraße ging der Guardian Nikolaus Ferber unruhig auf und nieder. Der Mann hatte in diesen Jahren sehr gealtert. Seine

Züge waren scharf geworden, der stille Gram hatte tiefe Linien hineingezogen; nur selten noch umspielte ein schwaches Lächeln seine Lippen. Der Blick seiner dunklen Augen war durchdringend und forschend, das spärliche Haar ergraut, in dicken Falten hing die Kutte um seine hagere Gestalt.

Mit aller Macht, die ihm zu Gebote stand, mit der ganzen Kraft seiner Persönlichkeit hatte er sich für seine Kirche und seine Überzeugung eingesetzt in diesen Jahren des Kampfes. Heute wollte er müde und mutlos werden. Er triumphierte, als Luther in die Reichsacht erklärt wurde und dann verschwand, er biß die Zähne zusammen, als Luther wieder da war und alles Ringen gegen ihn ergebnislos schien, und doch! Er raffte sich immer wieder auf! Es schien ihm zu ungeheuerlich, anders zu denken, zu handeln, als es die heilige Kirche bisher gelehrt hatte! Er hing mit jeder Faser seines Herzens an seiner heiligen Mutter Kirche, er wenigstens wollte für sie kämpfen, streiten — und ob er es schließlich ganz allein tun mußte!

Ein großer Trost war es ihm, daß Herr Henne Gerhart so unentwegt zu ihm stand und mit ihm noch die Schöffen Heinz Lempe, Ludwig Armbruster und Jost Lunker. Das waren aber auch so ziemlich die einzigen aus dem Rat. Herr Siffurt Swobe, der 1520, und der würdige Herr Johann Blankenheim, der 1522 Bürgermeister war, sowie das gegenwärtige Stadtoberhaupt, Herr Heinrich Goldschmidt, standen mit den übrigen Schöffen und auch den meisten Zunftmeistern voll und ganz für Doktor Luther ein.

Was nützten da die wenigen, die zu der Geistlichkeit hielten!

Ferner war auch die Tatsache nicht fortzuleugnen, daß der Landgraf Philipp nach seiner persönlichen Begegnung mit Melanchthon auf einer Reise zu einer Fürstenzusammenkunft in Heidelberg sich der Reformation mehr und mehr zuzuneigen begann und ihr Freund wurde. Wenn aber der Landgraf sich für sie entschied, dann war für die Sache der Kirche nichts oder nur noch wenig zu erwarten, dann – ja, was dann?

Pater Nikolaus stöhnte auf und warf sich vor dem Bilde des heiligen Franziskus nieder. Er flehte, er rang um Hilfe – und sprang dann wieder auf, um seine Wanderung durchs Zimmer aufs neue aufzunehmen.

So traf ihn Herr Henne Gerhart. Auch diesem waren Kopf und Herz schwer. Er empfand es bitter, daß alle seine liebsten Freunde der neuen Lehre zugewandt waren. Desto fester gelobten sich diese beiden Männer heute aufs neue, zu ihrer Kirche zu halten, mochte kommen, was wollte!

Der Mönch mußte jetzt zu einigen wichtigen Besprechungen nach der Untergasse ins Haus Nazareth gehen, Herr Henne hatte eine Ratssitzung. So gingen die beiden noch ein Stücklein Weges zusammen. Dabei kamen sie auf Eyla zu sprechen.

„Sie hält treu zu uns“, freute sich der Pater, „oft will mir scheinen, sie habe das Leben des Dienstes an anderen jetzt liebgewonnen.“

Herr Henne schüttelte den Kopf. „Trau einer den Weibern, Pater! Mir will eher scheinen, sie sei stumpf gegen alles geworden. Eins allerdings ist wahr, daß sie nimmer eines Sinnes ist mit den Meinen.“

„Ein Grund mehr für mich, der Heiligen Jungfrau für solches zu dienen“, sagte Pater Nikolaus mit Überzeugng.

Vor dem Hause in der Untergasse verabschiedeten sie sich, der Guardin betrat mit väterlichem Gruß die kühle, geräumige Vorhalle des stattlichen Hauses. Das bunte Licht der Fenster brach sich an den Verzierungen der beiden Säulen, die die Halle trugen, und färbte die weißen Fliesen des Fußbodens mit farbigem Licht.

Die Schwester Pförtnerin führte den Pater in das Gemach der Mater Benedikta, die ihn erwartet hatte. In schweren Falten umgab das dunkle Ordenskleid die nicht sehr große

Gestalt der Nonne, an der Seite hing vom Gürtel herab ein silberner Rosenkranz. Das Zimmer war mit vornehmer Einfachheit ausgestattet. Eie Fülle von Blumen standen in Töpfen und Gläsern umher, das große Fenster war weit geöffnet und gab den Blick in den schönen Garten frei. Einige Schwestern, unter ihnen Eyla, waren mit dem Reinigen der Beete beschäftigt, die Abendsonne sandte ihre grüßenden Strahlen in den Garten und ins Fenster, ein Hauch von Ruhe und Frieden lag über allem.

Der Pater setzte sich in einen bereitstehenden Sessel und atmete tief auf. „Hier ist wirklich eine Friedensstätte fernab vom Geräusch der Welt", sagte er, „wie glücklich seid Ihr, teure Schwester, hier walten zu dürfen inmitten geliebter Töchter! Und solche Stätten will uns der Antichrist in Wittenberg nehmen — nimmer, nimmer, es soll ihm nicht gelingen!" Er hatte seine Stimme erhoben, scharf und hart klangen die Worte.

Benedikta erhob sich und schloß das Fenster, sie schien seine letzten Worte überhört zu haben. „Ja", entgegnete sie und nahm wieder Platz, „ruhig und schön ist es hier. Dennoch, Herr Pater, behält jeder sein menschlich Herz und Fühlen."

Er antwortete nichts. Was hätte er auch sagen sollen! Sie hatte ja nur zu recht, das wußte er selbst am besten! Seine Gedanken waren auch schon wieder bei Eyla.

Benedikta hatte einige Wirtschaftsbücher und Rechnungen hingelegt; er prüfte genau, wie er es immer tat, und eingehend sprachen sie über diese Angelegenheiten.

Nun war das erledigt, und Pater Nikolaus sagte, indem er sich zurücklehnte: „Es ist mir Herzensbedürfnis, mit Euch noch etliches über den Ketzer Luther und seine Irrlehren zu reden, Mater Benedikta. Unsere heiligste Pflicht ist, die uns anvertrauten Schäflein vor allen Irrlehren zu schützen. Bisher fand ich nichts hier im Hause, was darauf schließen ließe, daß eine oder die andere unserer Töchter solch Gift bereits in sich aufgenommen hätte. Doch gebe ich Euch den Auftrag als Euer Vorgesetzter, daß Ihr im geheimen forschet, ob etwelche Schriften hier im Hause verborgen sind, und mir alsdann die Besitzerin nennet."

Ein undurchdringlicher Zug glitt über das milde Gesicht Benediktas. „Bis anhero fand ich bei keiner solche Schriften, vermute sie auch nimmer."

„Wohl uns", erwiderte der Mönch, „und nun möchte ich noch mit Schwester Eyla reden."

Die Mater schellte nach der diensttuenden Schwester, und bald erschien Eyla im Zimmer. Selbst die unkleidsame, dunkle Tracht war nicht imstande, ihre Schönheit zu verdekken. Nur war das Sonnige, Heitere ganz von ihr gewichen und hatte tiefem Ernst Platz gemacht.

Der Pater hieß sie einen Schemel nehmen, und nach etlichen alltäglichen Fragen kam er darauf, was er wissen wollte. „Haben deine Angehörigen nach dem Fleisch versucht, dir Schriften des Ketzers Luther zu geben, meine Tochter?"

Wie milde seine Stimme klang! Beinahe verwundert sah Eyla ihn an. „Sie versuchten es, mein Vater."

„Nahmst du sie an?" Verhaltene Angst sprach aus den Worten.

„Nein, ich wies sie zurück."

„Gelobt sei die heilige Elisabeth", kam es mit inbrünstigem Ausdruck über Pater Nikolaus' Lippen, „hüte dich auch in Zukunft, meine Tochter, und rühre nichts davon an, sie vergiften dich an Leib und Seele." Er schlug das Zeichen des Kreuzes, und Eyla konnte gehen. Bald nachher verließ auch der Guardian das Haus, und Benedikta war mit ihren Gedanken allein.

Es entsprach der Wahrheit, als sie dem Pater gesagt hatte, sie vermute Luthers Schriften bei keiner der Schwestern, sie hatte aber nicht hinzugefügt, daß sie dies auch nicht wissen wollte! Überall entwichen Mönche und Nonnen den Klöstern, und sie war nur erstaunt, daß Eyla nicht ebenfalls schon längst geflohen war. Doch tatsächlich schien das Mädchen nichts von alledem zu ahnen, was um sie her die ganze Welt erfüllte. Aber erfahren mußte sie es doch einmal, wenn nicht früher, dann bei ihrem, Benediktas, Weggang aus dem Hause! Ja, sie war fest entschlossen, diesen Schritt zu wagen, nur mußte sie die Gelegenheit dazu abwarten. Die Glocke, die zum Nachtessen ins Refektorium rief, tönte in ihr ernstes Sinnen hinein.

Vollzählig waren die Schwestern versammelt, als Mater Benedikta eintrat. Still verlief das Essen, wie gewöhnlich! Aber allen fiel der tiefe Ernst auf, der auf dem Antlitz der verehrten und von allen geliebten Mutter lag, und prüfend glitt ihr Blick über sie alle hin, doch auf keiner Stirne stand zu lesen, wer mit der neuen Lehre vertraut war.

In Muhme Magdalenes vertrautem Wohngemach saß diese mit Benedikta und Frau Agnete zusammen. Tiefer Ernst und heilige Entschlossenheit lagen auf dem Antlitz der Nonne, Tränen glänzten in den Augen der Muhme.

„Es wird ungeheuer Aufsehen und Rumor machen", sagte diese soeben, „aber ich kann und darf Euch nimmer widersprechen. Geht Euren Weg im Namen unseres hochgelobten Erlösers, und was ich kann, will ich tun, um Euch zu helfen."

„Habt Dank, Magdalene, ich wußte, daß ich zu Euch nicht vergeblich komme. Nein, ich kann nimmer bleiben. Ich entweiche, sobald ich zu Euch das Notwendigste an Wäsche gebracht habe und weiß, wohin ich fliehen werde."

„Ich werde noch heute einen Boten zu Wolfgang von Breidenbach senden; er wird Rat zu schaffen wissen", sprach die Muhme überlegend; „sobald ich Nachricht habe, besuche ich Euch."

Benedikta reichte beiden bewegt die Hand. „Ja, helft mir! Denkt betend meiner!"

„Ihr gehet den Weg der Apostel und vieler Jünger des

Meisters", entgegnete Frau Agnete, „doch wer weiß, vielleicht müssen auch wir ihn noch gehen."

„Ich muß anjetzo heim", sprach Benedikta und erhob sich, „man darf mich nimmer vermissen. Mich verwundert nur, daß Pater Nikolaus noch nicht Kunde von meinen Besuchen bei Euch hat."

„Wie sollte er", lächelte die Muhme, „kommt Ihr doch immer nur im Dunkeln wie heute, und alsdann durch die Gartenpforte! Gehet unter dem Schutz des Höchsten!" Benedikta verließ leise das Zimmer. Unten erwartete sie Hildegund und begleitete sie durch den Garten zu einer kleinen Seitenpforte, die auf die Nebenstraße führte.

Es war bereits in der neunten Abendstunde und ganz finster. Nur spärlich brannte da und dort an einer Straßenecke eine Öllampe, sie standen in Gefahr, jeden Augenblick von dem starken, fast sturmartigen Wind ausgeblasen zu werden. Dazu strömte der Regen hernieder, denn es war im Spätherbst, und ein grauer, naßkalter Oktobertag war zu Ende gegangen. Benedikta hüllte sich tiefer in ihr großes Tuch und eilte die wenigen Schritte nach Hause. Bald war sie in ihrem durchwärmten Arbeitszimmer, das eine kleine Lampe spärlich erhellte, setzte sich in einen Sessel am Kamin und horchte mechanisch auf die Windstöße draußen, aber ihre Gedanken waren allein mit ihrem Vorhaben beschäftigt.

Wie sie aus dem Haus kommen könnte, war ihr wohl ganz klar, das ließ sich für sie ohne Schwierigkeit bewerkstelligen. Aber wenn sie nicht auf den Biedenkopf konnte, wohin dann? Es gab wohl etliche lutherisch gesinnte Geistliche sowohl in Marburg wie in Kassel, aber sie konnte bei denen doch keine Zuflucht suchen. Außerdem war sie nicht mehr jung. Irgendwelchen Strapazen war sie nicht gewachsen. So saß sie grübelnd und sinnend und konnte doch immer nur betend und glaubend die Hände falten.

Stunde auf Stunde verging. Mit lauten Schlägen kündete die Uhr vom nahen Dominikanerkloster die Mitternacht.

Da – was war das für ein Geräusch? Klappte nicht leise eine Türe? Klatschend prasselte der Regen in diesem Augenblick ans Fenster, der Wind heulte unheimlich – huschte da nicht etwas leise den Gang entlang?

Sie horchte einen Augenblick, es wollte ihr fast bange werden. Nun öffnete sie vorsichtig und leise die Türe und lauschte hinaus – nein, sie muße sich getäuscht haben. Draußen war alles still. Erst in der dritten Morgenstunde suchte sie ihr Lager auf, doch sie war nur eben ein wenig eingeschlummert, als ein heftiges Pochen sie wieder weckte. Erschreckt fuhr sie auf. An allen Gliedern zitternd kam eine der ältesten Nonnen mit der Schreckenskunde herein, vier Schwestern seien verschwunden.

Sie hatte sie wecken wollen, aber ihre Türen offenstehend gefunden, und in einer der Zellen lag auf dem Tisch dieses Heft. Damit gab sie Mater Benedikta eine Schrift Luthers, auf deren Rand in ungelenken Buchstaben stand: „Wir können nicht anders, wir gehen."

Zuerst mit ungläubigem Staunen, dann aber mit heimlicher, tiefer Freude las Benedikta diese Worte – und las immer wieder, um Zeit zum Überlegen zu gewinnen. Denn natürlich mußte sie die Kunde von dem Geschehen sofort an Pater Nikolaus senden, aber eben das wollte sie verhindern, um den Entflohenen mehr Zeit zum Verbergen zu lassen. Sie zitterte nun auch vor Erregung, was die noch immer vor ihr stehende Nonne natürlich ihrer Empörung über die Flucht zuschrieb, so daß sie dringend bat, sich zu setzen und ruhiger zu werden. Das tat sie und schickte die Schwester hinaus, ihr etwas Wein zu holen, fühlte sie sich doch in der Tat ganz erschöpft durch die Aufregung. Als diese wieder hereinkam, verbot sie ihr zuerst, den übrigen Nonnen etwas zu sagen, dann schickte sie zu Pater Nikolaus.

Inzwischen überlegte sie, was nun wohl geschehen würde. Jetzt erklärte sie sich auch die Geräusche in der Nacht. Nun, diese Nacht mit ihrem Regen und Sturm war günstig für solch Vorhaben gewesen! Sie betete innig für die entflohenen Nonnen, innig für sich um Weisheit für die nächsten Stunden im Kloster.

Trotz ihres Verbotes verbreitete sich aber doch die Neuigkeit wie ein Lauffeuer unter den Schwestern, und als nach unglaublich kurzer Zeit der Guardian bei Benedikta erschien, wußten bereits alle davon, auch Eyla, die mit weitgeöffneten Augen wie auf eine Mär aus der anderen Welt darauf horchte.

Bleich vor Erregung stand der Pater vor Benedikta. „Wie war solches möglich, hier unter meinen, unter Euren Augen! Wie ist es geschehen?"

So überstürzte er sich, und Mater Benedikta hatte nur die eine Antwort: „Ich weiß es nicht!" Ihr Gesicht war undurchdringlich, sie hatte sich halb dem Fenster zugewandt. „Ich begreife und verstehe Eure Erstarrung", sprach der Pater hastig weiter, „hat's doch auch mich gleich einer kalten Totenhand gepackt, da Eure Kunde kam. Aber Zeit zum Klagen bleibt jetzt nicht, es gilt zu handeln. Wir müssen dieser Ehr- und Pflichtvergessenen wieder habhaft werden" — Benedikta zuckte unmerklich zusammen — „und dann sollen sie meine Macht fühlen! Die Schwestern sollen gerufen werden" — er schellte und gab der jungen Nonne, die hereinkam, den Auftrag dazu.

Kaum hatte sich die Tür hinter dieser geschlossen, da wurde sie wieder aufgerissen, Eyla stand vor ihnen. Ihr Antlitz war totenblaß, fast konnte sie vor bebender Aufregung kein Wort hervorbringen. Ohne auf den Pater zu achten, rief sie: „Mater Benedikta, ist solches wahr, daß die neue Lehre erlaubt, aus dem Kloster zu gehen — dann — dann will ich sie annehmen und fort von hier gehen." Sie sank vor Benedikta nieder. „Helft mir, o helft mir, daß ich dies Leben, so für mich schlimmer ist als der Tod, aufgeben kann, daß ich —"

„Halt, Kind!" Pater Nikolaus war herangetreten und legte

seine Hand schwer auf ihre Schultern. Sein Gesicht war fahl, seine Augen glühten fast unheimlich. Eyla war erschreckt aufgesprungen — mit angstvollem Herzklopfen stand Benedikta da.

„Du weißt nicht, was du sprichst, meine Tochter“, fuhr der Mönch fort, seine Stimme gewaltsam zur Ruhe zwingend, „du vergissest deine unglückliche Mutter und was du ihr schuldest, du —“

„Tausendmal büßte ich für sie in diesen Jahren!“ rief Eyla außer sich dazwischen. „Sie hatte kein Recht, mein Leben zu vergiften, mich um alles Glück zu bringen, sie nicht und auch jener Mann nicht, der sich mein Vater nennt. Und es muß wahr sein, daß man aus dem Kloster fort und ins Leben zurück kann. Alle sagen, daß solches die neue Lehre erlaubt, vier sind heute schon fort, ich will auch fort, ich muß — ich bleibe nimmer länger!“

„Komm mit, mein armes Kind, ich muß dir heute noch etwas sagen, — ich muß, ob es mich auch noch so sehr schmerzt.“ Der Pater bedeckte eine Sekunde lang die Augen mit der Hand. Er faßte Eylas Hand und zog sie mit sich hinaus auf den Gang. Ein Stücklein weiter war eine Bußzelle, dort schob er sie hinein und zog rasch die Türe hinter sich und ihr zu. „Eyla, noch weißt du nicht alles! Kind, sieh mich nicht mit so entsetzten Augen an — ich kann sonst nimmer weiterreden —“

Das Mädchen stand vor ihm, die Hände fest auf die Brust gepreßt — gab es noch Schlimmeres zu hören, als sie schon wußte und erlebt hatte?

„Eyla, geliebtes Kind, bleib um deiner armen, geliebten Mutter willen“, er stockte, er zitterte so, daß er fast nicht weitersprechen konnte, „bleib um deines armen Vaters willen, der tausendmal mehr büßt wie du — dich sehen und sprechen muß, und dich doch nie an sein Herz nehmen darf — Eyla, bleib — um — meinetwillen!“

Er streckte sehnsüchtig die Hände nach ihr aus.

Ihr stockte der Atem — „Was sagt Ihr, Pater Nikolaus“, brachte sie mühsam heraus — „Ihr — Ihr wäret —“

„Ja, ich bin dein Vater, mein teures Kind“ — seine Stimme schwankte — wieder streckte er die Hände nach ihr aus.

Da schrie sie auf und wich vor ihm zurück — „Ihr mein Vater — und konntet mich in solch Elend bringen — Ihr mein Vater — und konntet meine Qual jeden Tag ansehen?“

„Eyla, sei barmherzig! Das Gelübde deiner unglücklichen Mutter mußte erfüllt werden, ich konnte dich nimmer lösen! Beim heiligen Franziskus, ich hätte solches getan, so ich gekonnt hätte! Sei barmherzig, gib mir deine Hand, laß mich einmal, nur einmal das Wort Vater von deinen Lippen hören, bleibe unserer heiligen Kirche treu, diene ihr mit mir zusammen.“ Er wollte ihre Hand erfassen, sie aber wich vor ihm zurück bis in die äußerste Ecke des kleinen Raumes.

„Rührt mich nicht an!“ schrie sie auf. „Ihr habt mein Elend heute vollendet, so Ihr nicht eine gräßliche Lüge sagtet. Und Euer Gesicht schaut aus, als sprächet Ihr die Wahrheit! Geht, Ihr seid ein Ehrloser, und ich will fort von hier, nun erst gerade, nun ich solches weiß.“

In dumpfer Qual stöhnte der Mann auf und tastete nach einem Halt, noch nie hatte er die Schuld seines Lebens so gefühlt wie in dieser Stunde. Er lehnte sich schwankend gegen die Tür.

„Laßt mich hinaus“, gebot Eyla, die jetzt mit sprühenden Augen vor ihm stand.

Das gab ihm die Besinnung wieder! So leicht ging das denn doch nicht, wie sie es sich dachte! Noch hatte er die Macht über sie, noch kannte sie ihn nicht — wohlan, so sollte sie ihn kennenlernen! Stieß sie die Vaterhand zurück, dann sollte sie den Priester fürchten lernen! Er richtete sich hoch auf. „Du bleibst, ungehorsames, ungeratenes Kind! Hier in dieser Zelle wirst du bis morgen früh bleiben, so lange Zeit lasse ich dir zum Besinnen. Alsdann wollen wir weiter sehen. Noch habe ich hier zu bestimmen.“ Seine

Stimme klang eisern; mit hartem Griff schob er das Mädchen zurück und schloß die Türe hinter sich ab. Eyla war allein. Mit einem Schrei sank sie zu Boden. Sie gab sich ganz der Verzweiflung hin. Vorhin, als ihr die Möglichkeit schien, ins Leben zurückkehren zu können, war ihr die Welt mit einem Schlage anders vorgekommen. Justus – er war ihr erster Gedanke gewesen – nun war alles vorbei! Oh, wenn sie auf Hildegund, auf die Muhme gehört hätte, dann wäre sie wohl schon längst fort! Die hätten Wege und Mittel gefunden, ihr zur Flucht zu verhelfen – zu spät! Sie rüttelte in ohnmächtiger Angst an der Türe, sie flehte um Hilfe – alles blieb draußen still.

Der Pater stand indes mit eisigem Gesicht vor der schrekkensbleichen Mater Benedikta. „Ein störrisches, ganz ungehorsames Mädchen ist sie! Ich habe sie eingeschlossen, bis morgen früh hat sie Zeit zum Besinnen. Beugt sie sich, ist es gut, tut sie solches nicht, alsdann bringe ich sie fort. Noch bin ich hier Herr im Hause! Heute abend erhält sie Fastenspeise. Wir haben schon noch Wege, solche Kinder gefügig zu machen." Er lachte heiser auf.

„Nehmt hier den Schlüssel", fuhr er fort, „Eurer Obhut vertraue ich ihn allein an. Ihr haftet mir für das Mädchen."

Da richtete sich Mater Benedikta hoch auf, ein harter Ausdruck trat in ihre Züge. „Ich hafte für das Mädchen", wiederholte sie mit klingender Stimme. Dann folgte sie dem voranschreitenden Guardian zu den versammelten Nonnen.

Wie die Küchlein sich um die Henne scharen, wenn Gefahr droht, so umstanden die Schwestern zitternd und angstvoll Mater Benedikta, indes die Worte ihres Beichtvaters und Vorgesetzten schneidend und hart auf sie niederfielen. Die Mater musterte dabei mit eindringlichem Blick jedes Gesicht, und der Pater bemerkte ihre scharfen Blicke mit innerer Genugtuung und Beruhigung. Als er aber mit Androhung der schärfsten Strafen hier im Kloster und ewiger Höllenqualen im Jenseits schloß, glaubte Mater Benedikta bei Schwester Margarete, einer von den jüngeren Nonnen, gefunden zu haben, was sie suchte.

Nun wandte sich der Guardian und schritt hinaus. Erleichtert atmete Benedikta auf! Doch nein, sie hörte, er ging den langen Gang entlang, an dem die Bußzelle lag.

Sein Schritt wurde zögernd, ein leises Wimmern tönte aus der Zelle. Über sein Gesicht ging ein Zucken — schon streckte er die Hand nach der Türklinke aus — da straffte sich seine Gestalt! Nein, nur nicht weich werden! Nur die äußerste Strenge konnte ihm helfen, die Macht über sein Kind zu behalten — der Priester in ihm hatte gesiegt!

Als er fort war, ließ Benedikta Schwester Margarete zu sich rufen. Sie schaute ihr ernst entgegen. „Schwester Margarete, du sahst bei des hochwürdigen Herrn Paters Worten so sonderbar aus —"

Da flehte die junge Nonne sie an: „O Mater Benedikta, habt Erbarmen, zeigt mich nicht unserem harten Herrn Beichtvater an! Ja, es ist so, als Ihr ahnet, ich las Luthers Schriften, und ich fand — ich meinte —"

Benedikta hielt ihr rasch den Mund zu. „Still, kein Wort weiter." Sie hob das zitternde Mädchen auf und küßte es auf die Stirne. „Sei ruhig, Margarete, von mir hast du nichts zu befürchten! Und nun höre, auch ich bin eine Anhängerin Luthers und —" Wieder legte sie rasch die Hand auf den Mund der Schwester, um einen Aufschrei zu verhüten, dann verschloß sie die Türe, zog Margarete neben sich auf ein Polster und flüsterte lange mit ihr.

Endlich küßte das Mädchen mit Freudentränen beide Hände Benediktas. Diese aber sagte tiefernst: „Gelingen kann es uns nur unter dem Beistand unseres Heilandes, aber er wird uns helfen." Dann schrieb sie einige Worte auf einen Zettel und gab ihn Margarete. „Also du weißt Bescheid", sagte sie dabei, und diese nickte freudig.

Um die Mittagszeit befahl Benedikta, daß Schwester Margarete einen Teller Wassersuppe zu Eyla hineinbringen sollte. Dann ging sie mit ihr zur Zelle und schloß auf. Aber sie mußte die Lippen aufeinanderpressen, um sich nicht zu verraten, als sie das unglückliche Mädchen zusammengekauert in einer Ecke des kleinen Raumes auf der Erde sitzen sah. Schwester Margarete ging hinein, stellte die Suppe vor sie hin und sagte kurz: „Da iß!" Dann kam sie rasch heraus, und Benedikta schloß wieder zu. Eyla griff mit Gier nach einem kleinen Zettel.

Die Buchstaben tanzten wohl zuerst vor ihren Augen, sie mußte etliche Male lesen, ehe sie völlig den Sinn faßte, denn da stand ganz kurz: „Sei ruhig, ich rette dich."

Zuerst jubelte sie auf, aber dann fragte sie: Wer will mich retten? Den Schlüssel hat nur Mater Benedikta, sie etwa? Das konnte sie sich nicht denken, ach, sie konnte ja seit heute morgen überhaupt nicht mehr denken, sie hatte nur das eine Bewußtsein: Gefangen, in der Gewalt jenes schrecklichen Mannes, der sich ihr Vater nannte!

Beim Mittagessen fehlte Schwester Margarete. Sie hätte eine schwere Pflege übernehmen müssen, sagte Benedikta so beiläufig auf einige fragende Blicke. Still verlief das Mittagsmahl, es lag wie ein schwerer Druck auf allen.

Mater Benedikta war viel allein an diesem Nachmittag, träge schlichen ihr die Stunden dahin. Sie wußte sie nicht besser zuzubringen als in anhaltendem Gebet. Dabei wurde sie ganz getrost und freudig und blickte endlich dem Abend mit gläubiger Zuversicht entgegen!

Es dunkelte sehr früh, der Regen hatte am Nachmittag aufs neue eingesetzt. Der Wind war zum Sturm angeschwollen, wer nicht hinaus mußte, ging sicher nicht hinaus. Da kam kurz vor dem Nachtessen eine Frau an die Pforte und bestellte, Schwester Margarete ließe Mater Benedikta bitten, bald zu kommen. Anscheinend stand es schlecht mit der Kranken, die die Schwester zu pflegen hatte, da sie die Mater herbitten ließ.

Es war in der zehnten Stunde. Unter Hoffen, Bangen und Zweifeln waren Eyla die Stunden hingeschlichen. Sie horchte angestrengt auf jeden Laut, aber niemand kam an ihre Türe. Als die Andacht nach dem Nachtessen vorüber war, als die Schwestern zur Ruhe gingen, es neun, dann zehn Uhr wurde und niemand kam, faßte sie eine tiefe Mutlosigkeit, und mit Grauen dachte sie an den nächsten Morgen, wo der Pater wiederkommen würde. – Plötzlich schreckte sie zusammen. Ganz leise wurde der Schlüssel eingesteckt, vorsichtig herumgedreht, und nun ging ganz langsam die Tür auf. Ein kleiner Lichtstrahl von einer verdeckten Kerze fiel herein.

Vorsichtig schob sich Benedikta in die Zelle, legte warnend den Finger auf den Mund, nahm Eyla rasch die Haube ab und hüllte ein großes schwarzes Tuch um die ganze Gestalt des Mädchens. „Komm!“

Lautlos glitten sie die Treppe hinab. Nun galt es für Eyla, unbemerkt an der Pförtnerin vorüber zu gelangen, die noch in ihrer Stube saß und auf die Mater wartete, von der sie meinte, daß sie nicht nur längst fort sei, sondern bald wiederkommen müsse.

„Duck dich und schleiche im Dunkeln an der Wand entlang zur Türe“, flüsterte Benedikta dem Mädchen zu, und wie ein Schatten glitt Eyla dahin. Jetzt war sie ganz Aufmerksamkeit, ganz Vorsicht. Sie wußte, jede Unachtsamkeit konnte alles verderben.

Mater Benedikta aber ging rasch an die Türe der Pförtnerstube und sagte zu der erstaunten Schwester: „Ich gehe jetzt zu Schwester Margarete, warte nimmer auf mich, liebes Kind. Gehe zur Ruhe und vergiß nicht, erst hier noch das Zimmer aufzuräumen. Mögen dich die Heiligen schützen.“

Damit ging sie, schloß rasch die Türe auf, Eyla glitt hinaus, sie folgte ihr und verschloß gut von außen.

„Sprich kein Wort und komm, Eile ist not“, flüsterte sie, als das Mädchen etwas sagen wollte. Der Sturm peitschte ihnen den Regen gerade ins Gesicht, mühsam kämpften sie dagegen an und waren fast durchnäßt, als sie den Weg nach der Wettergasse zurückgelegt hatten. Benedikta eilte, Eyla voran, nach der kleinen Gartenpforte in der Seitenstraße. Kaum standen sie an derselben, so wurde diese von innen geöffnet,

„Eyla! Gerettet und frei! Wie sorgte und bangte ich um euch, es möchte etwas dazwischen gekommen sein“, flüsterte Hildegund und umschlang zärtlich ihre Base. Aber Benedikta drängte vorwärts. „Noch sind wir nicht in Sicherheit. Wo ist der Vater?“

„Er schläft bereits und die Frau Mutter auch“, erwiderte Hildegund, „oder sie tut doch wenigstens so, um nichts zu verraten. Sie grüßt euch tausendmal und begleitet euch mit ihren Gebeten.“

Sie waren im Hause angekommen und stiegen geräuschlos die Treppen hinauf. Oben war die Türe nur angelehnt, Muhme Magdalene zog sie ins Zimmer. Auch sie nahm Eyla innig an ihr Herz, dann aber ging es rasch ans Umkleiden.

Dabei erzählten Benedikta und Eyla die Vorgänge des Morgens, und starr vor Schreck und Staunen standen Hildegund und Benedikta über das, was sie von dem Mädchen über Pater Nikolaus erfuhren. Auch Muhme Magdalene war fast sprachlos darüber, daß er sein Geheimnis preisgegeben hatte. Doch viel Zeit zum Reden blieb ihnen nicht, auch drängte Benedikta immer wieder zur Eile.

„Der Wagen wartet draußen vor dem Ketzerbachtor“, sagte die Muhme zu Benedikta, „unser Gärtner ist auch ein Anhänger Luthers, er geleitet euch hinaus. Die Frau des Torwächters ist seine Schwester, sie wird das Tor öffnen. Ein Eilbote ist bald nach eurer Botschaft durch Margarete zum Biedenkopf geritten — ihr werdet dort erwartet. Gott geleite euch und gebe uns ein fröhlich Wiedersehen!“

Nach kurzem, innigem Abschied ging es hinaus. Aus der Dunkelheit löste sich die Gestalt eines Mannes, und in wenigen Minuten waren sie am Ketzerbachtor. Auf sein leises

Klopfen öffnete es sich, jenseits hielt ein Reisewagen. Der Mann öffnete den Schlag – mit einem Jubelschrei empfing sie Margarete, dann ging's fort in die stürmische Nacht hinein. Als der Morgen dämmernd heraufstieg, schloß sich das feste Tor der Burg Biedenkopf hinter ihnen.

Beinahe sinnlos vor Wut stand etliche Stunden später Pater Nikolaus Ferber vor Herrn Henne. Nur stoßweise brachte er heraus, was er vorhin im Haus Nazareth erfahren hatte.

„Hier müssen sie sein, versteckt bei Euch", keuchte er, „sofort ruft Ihr die Muhme und Eure Frau, sie müssen wiedergefunden werden, und sollte ich die Hölle zur Hilfe holen!"

Wenn auch Herr Henne sehr gut die Aufregung des Paters verstand und selbst zuerst entsetzt gewesen war über die Flucht der Mater Benedikta und Eylas, fühlte er sich jetzt doch durch die maßlose Wut des Mönches, den er das erstemal so kennenlernte, sehr abgestoßen.

„Holt Eure Frau", schrie der Mönch eben wieder, „was säumt Ihr, jede Minute ist kostbar!"

Henne Gerhart trat einen Schritt zurück. „Ihr vergeßt in Eurer begreiflichen Aufregung, Herr Pater, daß Ihr von meinen Angehörigen und dazu in meinem Hause redet. Ihr habt hier gar nichts zu befehlen! Ich werde mit den Meinigen sprechen, aber nimmer in Eurer Gegenwart. Denn würden sie Eurer in Eurem Zorn ansichtig, wahrlich, es würde ihre Achtung vor Euch nicht erhöhen!"

Diese kühlen Worte brachten den Rasenden etwas zur Besinnung. Er biß sich auf die Lippen. „Verstehet mich doch, Herr Henne! Diese Schande für mich, und es ist mein Kind – sie weiß, daß ich ihr Vater bin – so sie darüber redet – ich wäre ein verlorener Mann!"

„Solches scheint Eure größte Sorge zu sein", sagte der Kaufmann ironisch. „Geduldet Euch hier, ich will zu meiner Frau gehen."

Er fand sie mit der Muhme und Hildegund im Eßzimmer

zusammen. „Wo sind Eyla und Mater Benedikta?“ fragte er nun doch aufgebracht, denn immerhin war er empört über dieses ganze Ereignis.

Die Muhme sah ihn ruhig lächelnd an. „Ich hoffe, in Sicherheit“, entgegnete sie.

Da hing Hildegund an seinem Arm. „Herzlieber Herr Vater“, schmeichelte sie, „schauet nimmer gar so böse drein! Eyla ist nur geflohen, weil ihr das Leben im Kloster mehr als Tod war. Könnt Ihr ihr solches verargen? Im Grunde des Herzens seid auch Ihr froh, daß sie frei ist. Nun forschet nimmer nach ihr, sie soll nie wieder in des bösen Paters Gewalt!“

Ihr holdes Gesicht wurde tiefernst, Abscheu sprach aus den leuchtenden Augen. „Eine Schande ist's, ihr zu sagen, daß er ihr Vater ist“, fuhr sie fort. „Sie schüttelte sich vor Entsetzen, in seiner Macht bleiben zu müssen. Nein, Herr Vater, sagt nur dem Pater, wir seien zu verstockte Ketzer und fügten uns seinen Befehlen nimmer, er erfährt von uns nichts.“

„Jedenfalls ist sie nicht mehr hier im Hause“, fügte Frau Agnete hinzu.

Wohl machte sich Henne Gerhart unsanft von seiner Tochter los, sah auch sehr böse drein, aber im letzten Grunde hatte Hildegund recht, es lag ihm nicht mehr viel daran, Eyla wiederzufinden und dem Pater zu übergeben, nachdem er den Mann so wenig selbstbeherrscht gesehen hatte.

Er drehte sich um und ging hinaus.

Um weniges später verließ der Pater zornbebend das Haus, und zum erstenmal stieg in Henne Gerhart der leise Gedanke auf, ob dieser Luther nicht doch vielleicht in manchem recht hätte.

Auf der Straße, die von Kassel über Treysa nach Marburg führt, fuhr gemächlich ein großer, geschlossener Reisewagen dahin. Ihn geleiteten etwa zehn bewaffnete Knechte, und auch der Reisende drinnen im Wagen trug einen scharfen Dolch bei sich, wohlverwahrt unter dem faltigen schwarzen Gelehrtenkleide.

Eine schlanke, hagere Gestalt war dieser Reisende. Graue, kluge Augen schauten so ernst aus dem Gesicht, als könnte die edlen, scharfgeschnittenen Züge nie ein Lächeln erhellen, und das Haar zeigte schon hier und da Silberfäden. Er war gut mit Decken, Fußsack und Kissen gegen die scharfe Kälte geschützt, die da herrschte, denn es war in den ersten Januartagen des neubegonnenen Jahres 1525. Hartgefroren deckte der Schnee draußen das Land und knirschte auf der breiten Heerstraße unter den Rädern des Wagens und den Hufen der Pferde.

Der Reisende blickte aus dem Fenster, und der ernste Zug in seinem Gesicht wurde wenn möglich noch ernster. Nun sah er drüben weiter links Amöneburg, die kleine Stadt auf dem Berge. Schier eingeschneit lag sie da; damals, vor Jahren, da war es Sommer, da saß das Glück neben ihm und lachte ihn an — wie lange lag die Zeit zurück! Und heute — ja, es war Winter geworden, und das Glück war gestorben.

Doch nein, sein inneres Glück konnte nicht sterben! Das hatte er aber in keinem Menschen gefunden, das lag in den starken Händen seines Herrn und Meisters, seines Erlösers, in dem er Leben und volles Genüge gefunden hatte.

Und wieder flogen seine Gedanken voran, und das Herz klopfte ihm, wenn er daran dachte, daß er nun endlich, nach fast acht Jahren, seine Vaterstadt wiedersehen sollte.

Es war Justus Gerhart, der Pfarrherr einer Gemeinde in Sachsen, dicht bei Wittenberg, der mit geheimer Botschaft vom Kurfürsten Friedrich dem Weisen, besonders aber von Luther und Melanchthon an den jungen Landgrafen von Hessen gesandt worden war. Denn dieser wollte in Kürze öffentlich der Reformation beitreten, und der Kurfürst, ebenso wie Luther und Melanchthon, sandte ihm etliche bedeutende Winke dafür, desgleichen für die Einführung der Reformation in seinem Lande überhaupt. Dazu glaubten sie keinen besseren Boten wählen zu können als den jungen Pfarrer Gerhart, und ganz im stillen hoffte Luther davon auch eine Aussöhnung zwischen Justus und seinem Vater. Wußte er doch, wie schwer der Freund unter diesem Zerwürfnis litt!

Der junge Landgraf hielt sich damals wieder einmal in Marburg auf. Etliche der ihn begleitenden Reiter hatte Philipp dem Pfarrer entgegengesandt, und von diesen erfuhr Justus, daß für ihn im Schloß einige Gastzimmer hergerichtet waren. Er hörte es mit Dankbarkeit, denn zu Hause konnte er ja nicht sein. Doch die Seinen wußten, daß er kommen würde. Er hatte sie benachrichtigt und auch an Wolfgang geschrieben. Denn Justus wollte gerne ein bis zwei Tage bei ihm auf dem Biedenkopf sein. Da er diese Briefe nicht lange vor seiner Abreise abgesandt hatte, konnte er eine Antwort darauf nicht erwarten. Er hatte überhaupt schon ziemlich lange nichts von zu Hause erfahren, und das wenige in den letzten Monaten wies so viele Lücken auf, daß er deutlich merkte, es war etwas vorgegangen, was man ihm nicht mitgeteilt hatte. Nun, gegen Abend hoffte er in Marburg zu sein, und später dann — zu Hause!

Es dunkelte früh, und so war es ihm nicht möglich, die Türme seiner Vaterstadt aufsteigen zu sehen. Endlich hielt der Wagen an der Kesselpforte und fuhr dann rumpelnd und langsam in die Stadt hinein.

Da hielt es Justus nicht länger darin, er mußte hinaus.

Und da stand er wieder in Marburg! Vor ihm ragten die hohen Türme von St. Elisabeth auf — da ging der Weg daran vorbei zur Wettergasse — es stieg ihm heiß in die Augen. Jäh wandte er sich und schlug den Weg zum Schlosse ein. Er hatte nur gerade so viel Zeit, sich nach der langen Fahrt ein wenig zu erfrischen, als er auch schon zum Landgrafen befohlen wurde. Dieser erwartete ihn in seinem Arbeitsgemach und bot ihm mit warmem „Willkommen" die Hände. Bewundernd blickte Justus in das edle, jugendliche Antlitz des erst einundzwanzigjährigen Fürsten, der aber mit einem weit über seine Jahre hinausgehenden Verständnis und einer Klugheit ausgerüstet war, die nicht nur seine Freunde, sondern auch seine Gegner in Erstaunen setzte. Tiefer Ernst sprach aus den klugen Augen, als er jetzt sagte: „Ihr seid mir als Bote Seiner Kurfürstlichen Gnaden und der beiden liebwerten Freunde Luther und Melanchthon hochwillkommen, Herr Pfarrer. Setzet Euch und lasset uns der Zwiesprach pflegen; mich verlanget gar viel zu wissen, darin ich erst ein Neuling bin."

Justus entledigte sich zuallererst seines Auftrages, der darin gipfelte, „das Evangelium nicht nur nicht zu hindern, aber auch nicht gewaltsam und mit plötzlicher Aufhebung aller kirchlichen Gebräuche zu verfahren". Ihm ging das Herz auf diesem fürstlichen Herrn gegenüber, und bald saßen sie vertieft in Glaubensangelegenheiten, daß der Landgraf sogar zweimal ans Nachtessen gemahnt werden mußte.

Nach demselben bat Justus um Urlaub, die Seinen begrüßen zu dürfen. Gerne gewährte der Fürst seine Bitte, die liebreizende Landgräfin Christine aber rief lebhaft: „Soll mich wundernehmen, ob Ihr da den Grund der Entfremdung zwischen Eurem prächtigen Herrn Vater und dem Franziskanerguardian erfahret. Man spricht, er wäre in der Klostergeschichte zu suchen. Doch wir wollen Euch nimmer aufhalten. Auf Wiedersehen, Herr Pfarrer."

In wenigen Minuten war Justus auf dem Wege hinab zur Stadt. Was war zu Hause geschehen? Von was sprachen die Herrschaften? Nun, bald sollte er ja alles erfahren! Eins jedoch hatte er sich vorgenommen – heimlich schlich er sich nicht ins Haus, nein, offen und frei wollte er hineingehen, und der Vater sollte ihm dann selbst die Türe weisen, wenn er wollte!

Nun stand er vor seinem Elternhause. Laut dröhnend fuhr der Klopfer hernieder. Es war schon die neunte Abendstunde, Hildegund öffnete vorsichtig und spähte hinaus.

„Hildegund, meine Schwester!“

Erschreckt war sie zurückgetreten, als sie den Fremden sah, nun aber lag sie lachend und weinend in seinen Armen und zog ihn dann ins Wohnzimmer, wo die Mutter und die Muhme waren. Was war das für ein Wiedersehen nach diesen ereignisvollen Jahren, was gab es für ein Erzählen! Und dazwischen umfaßte die Mutter immer wieder ihren Einzigen und drückte ihn mit Tränen an sich. Justus' erste Frage galt dem Vater. „Er ist beim Bürgermeister“, sagte Hildegund, „er kommt erst spät heim; du hast nichts zu befürchten.“

Ein leichtes Lächeln glitt über die ernsten Züge des Mannes, aber er sagte nichts. Nun mußte er zuerst von Wittenberg erzählen, fragte aber schließlich: „Was hat's denn hier gegeben? Der Landgraf deutete mir etwas von einer Klostergeschichte an.“

Da hob die Muhme an zu reden, und mit verhaltenem Atem lauschte Justus. Die Röte kam und ging in seinem Gesicht, ein eigentümlicher Glanz strahlte in seinen Zügen auf, um sofort wieder zu verschwinden. Was er über Pater Nikolaus erfuhr, machte ihn fast sprachlos. Als die Muhme damit schloß, daß Eyla auf dem Biedenkopf in Sicherheit wäre zusammen mit Benedikta und Schwester Margarete, fuhr er auf, doch zu einer Antwort kam er nicht. Denn die Stubentüre wurde rasch geöffnet, und Herr Henne stand auf der Schwelle.

Erschreckt blickten die anderen zu ihm hin, auch Justus zuckte zuerst zusammen. Im gleichen Augenblick jedoch stand er schon vor dem Vater und streckte ihm beide Hände hin. „Vater, mein geliebter Vater!“

Henne Gerhart, der gerade eben bei dem Bürgermeister so beiläufig erfahren hatte, daß ein Geistlicher, vom Kurfürsten entsandt, heute abend beim Landgrafen als Gast angekommen wäre, sah den vor ihm Stehenden zuerst fast sprachlos an; dann aber griff auch er seine Hände mit herzlichem Druck.

„Mein Sohn, bist du der Bote an unseren Landgrafen?“

„Ja, Vater, ich, als lutherischer Geistlicher! Muß ich nun wieder gehen?“

Henne Gerhart atmetete schwer auf; die widerstreitendsten Gefühle prägten sich auf seinem Gesicht aus. Dann sagte er langsam: „Wen mein Herr und Fürst, der Landgraf, aufnimmt, den darf ich nimmer fortweisen. Sei willkommen!“

„Vater, nur deshalb? Dann muß ich gehen, ich will zu dir als dein Sohn kommen.“ Justus mühte sich vergeblich, seiner Stimme einen festen Klang zu geben.

Da ging ein Ruck durch die Gestalt Herrn Hennes, er zog Justus an sich. „Mein Sohn!“

Nach einigen Augenblicken ließ er ihn los. „Aber eins wünsche ich aufs eindringlichste: Du sprichst mir nie von deinem Amt, deiner Lehre, kurz von nichts, was mit dem Ketzer zusammenhängt.“

Justus schwieg. Er war dankbar über das Erreichte und wollte nichts verderben durch eine schnelle Antwort. Wie froh waren auch die anderen! Hildegund rückte schnell einen weichen Stuhl für den Vater in den Kreis, und längst hatte der Wächter Mitternacht geblasen, als Justus zum Schloß zurückkehrte.

Aber schlaflos lag er dann auf seinem Lager. Er war zu tief über alles erregt, was er heute erlebt und mit seinen Angehörigen durchgesprochen hatte. Am meisten jedoch hatte ihn die Nachricht über Eyla erschüttert.

Nun war sie frei, dem Klosterzwang entronnen, aber sie hatte es nicht um des Gewissens willen getan! Und jetzt stand etwas anderes zwischen ihnen, etwas, was vielleicht noch trennender als das Kloster war. Ja, wäre sie um ihres Glaubens willen geflohen wie so manche Nonne, die er schon kennengelernt hatte, dann hätte er sich morgen in der Frühe schon vom Landgrafen die Erlaubnis geholt zum Ritt nach dem Biedenkopf, und das Roß hätte nicht schnell genug traben können! So aber!

Er fühlte genau, daß er als Pfarrherr und Verkündiger der reinen Lehre kein Weib haben durfte, das nicht voll und ganz diesselbe Überzeugung hatte wie er. Das war bei Eyla nicht der Fall, im Gegenteil. Aber sie war ja schon vier Monate auf dem Biedenkopf, konnte sie da nicht doch der evangelischen Lehre gewonnen worden sein? Sein Herz pochte, dann kam ja das Glück doch noch zu ihm!

Und zu dem allem – hatte Hildegund so völlig überwunden, daß sie ihn mit solch ruhiger Selbstverständlichkeit auf den Biedenkopf begleiten wollte?

Erst gegen Morgen schlief er ein, nachdem er, wie er gewohnt war, all seine Sorgen und Fragen seinem Gott in die Hände gelegt hatte.

Die nächsten Tage vergingen ihm wie im Fluge. Der Landgraf nahm ihn ganz in Beschlag! Er hatte so viel zu fragen, zu besprechen, und Justus erkannte mehr und mehr, welch ein hoher, edler Geist in dem jungen Fürsten war und welch einen Fortschritt es für die Sache der Reformation bedeutete, wenn er sich öffentlich dazu bekannte und übertrat. So blieb ihm für seine Eltern nur wenig Zeit übrig, und zu einer vertrauten Aussprache mit Hildegund kam es gar nicht. Aber wenn sie zusammen waren, mußte er immer wieder seine Schwester anschauen, die ihm so viel lieblicher als ehedem erschien. Es ging ein ganz eigenartiger Zauber von ihr aus, wie Justus es früher nie empfunden hatte.

Sehr schnell kam dann der Tag heran, an dem er in Gnaden vom Landgrafen entlassen wurde und vor dem Gerhartschen Hause der große Reisewagen stand, der ihn und Hildegund nach dem Biedenkopf bringen sollte. Sein Abschied von der Mutter war für beide sehr beweglich; der Vater war ebenfalls herzlich, und doch – hier fehlte etwas.

Nun zogen die Pferde an. Justus winkte hinaus, solange es möglich war, und tiefe Wehmut beschlich ihn, als er den teuren Vater so gealtert neben der Mutter stehen sah. Jetzt entschwand das Haus seinen Blicken — vorüber, wie so manches im Leben!

Dröhnend rollte der Wagen durch das Ketzerbachtor und fuhr ins Lahntal hinein. Feierliches Winterschweigen umfing sie, in zauberhaftes Weiß gehüllt waren Baum und Strauch.

Hildegund fühlte, was des Bruders Seele bewegte; sie störte ihn mit keinem Wort. Nun wandte er sich zu ihr und nahm ihre Hand, jetzt endlich war für sie beide die Zeit der Aussprache gekommen. Und doch, ob sie sich auch gegenseitig in die Seele blickten, von den dunkelsten Stunden, die jedes durchlebt hatte, redeten sie nicht.

Mit scheuer Bewunderung sah Justus auf seine Schwester die ihm mit ihrem weltfernen Blick soeben sagte: „Meine Liebe lebt mit mir und stirbt einst mit mir, aber sie ist rein und heilig, frei von allem Irdischen geworden. Er steht ebenso — Just, es gibt eine heilige Liebe — aber wir sprachen nie darüber. Unser Verkehr ist uns beiden ein Gottesgeschenk."

Lange blieb es still zwischen ihnen. Plötzlich fragte Hildegund, wie als Abschluß einer langen Gedankenreihe — „und Eyla?"

Justus atmete schwer. „Gott wird mich richtig führen, ich habe sie nicht vergessen."

Auf dem Biedenkopf sah man der Ankunft der Gäste mit Spannung und Herzklopfen schon seit Tagen entgegen. Nur Eyla hatte erst heute morgen erfahren, wer erwartet wurde. Benedikta wollte ihr unnötige Erregungen ersparen, da sie sich erst seit einigen Wochen von den furchtbaren seelischen Aufregungen zu erholen anfing. Zarte Farben begannen wieder das bleiche Antlitz zu beleben, und hin und wieder lockten die drolligen Fragen und Einfälle der Kinder ein Lächeln um den ernsten Mund hervor.

Ja, das Klosterleben hatte ein stilles, ernstes Mädchen aus der jugendfrohen Eyla gemacht, das sich erst allmählich wieder in das Leben hineinfinden mußte. Aber der eine Gedanke, der sie mit Allgewalt aus dem Kloster hinausgetrieben hatte, beherrschte sie jeden Augenblick, und der hieß „Justus". Um seinetwillen war sie geflohen, als sie erfuhr, daß der Klosterzwang durch den Wittenberger Magister gebrochen worden war, um seinetwillen wollte sie leben und wieder froh werden. Um seinetwillen — und hatte doch nicht gewagt, ihm ein Lebenszeichen zu senden — um seinetwillen, den sie heute — heute wiedersehen sollte!

Sie faßte es nicht! War es denn wirklich möglich? Zuerst hatte sie in Freude und Glück fassungslos geweint und der Heiligen Jungfrau gedankt, nun ging sie in fiebernder Erregung von Zimmer zu Zimmer. Sie mußten ja bald hier sein, Wolfgang war ihnen schon vor zwei Stunden entgegengeritten. Wiederholt hatte Muhme Benedikta die Bemerkung gemacht, daß Justus lutherischer Pfarrer geworden war. Eyla beachtete dies gar nicht, es war ihr viel zu nebensächlich. Für sie kam nur eins in Betracht: War er für sie derselbe geblieben wie einst? Kam das Glück jetzt doch noch zu ihr?

In ihrer Aufregung hatte sie schließlich die Ankunft der Gäste überhört. Die kleine Hella kam eifrig, sie zu rufen, und mit zitternden Knien stieg das Mädchen die Treppe hinab.

Langsam öffnete sie die Tür zur Halle. Niemand bemerkte sie, in eifriger, lebhafter Rede standen alle beieinander. Ihr brennender Blick hing an dem Mann dort am Fenster, der im schwarzen Gelehrtengewande und mit dem Vollbart so anders aussah — aber doch — es war dasselbe geliebte Gesicht, nur hager und so ernst.

Sie hielt sich an der Tür fest, um nicht zu wanken. Sie hätte zu ihm stürzen und ihn umklammern mögen — doch nein, nicht vor den andern! Sie hatte im Kloster in den langen Jahren Übung bekommen, sich zu beherrschen. Langsam kam sie näher.

Nun hob er den Blick und sah sie. Mit raschem Schritt stand er vor ihr. „Eyla!"

Er hielt ihre kalten Hände einen Augenblick fest in den

seinen, und ihre Blicke tauchten ineinander. Nur einen Augenblick, aber sie hatte in seinen Augen die alte Liebe leuchten sehen. Jetzt war alles gut!

„Willkommen, Justus", brachte sie mühsam hervor. Da stand Hildegund neben ihr und begrüßte sie warm.

Und dann saß der ganze Kreis beisammen, nur Elsabetha ging als Hausfrau ab und zu — und Justus mußte von Doktor Luther erzählen, von Wittenberg, von seiner Gemeinde — die andern fragten und hörten zu, eins in vollem Verständnis — da stieg langsam und erkältend ein neues Gefühl in Eyla auf, sie fühlte sich plötzlich fremd und allein.

Zu aller Bedauern hatte Justus ihnen gleich gesagt, daß er nur bis zum Nachmittag des andern Tages dableiben konnte, dann mußte er weiter. Er hatte noch in Kassel wichtige Besprechungen mit Johann von Campis, dem Pfarrer an der Martinskirche. Eyla hörte es mit gesenktem Blick, und wieder kroch dies seltsame Gefühl in ihr empor, an dem sie meinte ersticken zu müssen.

Der Tag ging hin, ohne daß Justus eine Gelegenheit zur Aussprache mit ihr wahrgenommen hatte, obgleich sie sich wohl geboten hatte. Von den quälendsten Gedanken gepeinigt lag Eyla auf ihrem Lager, aber Justus erging es nicht anders. Er hatte gar nicht erst das Bett aufgesucht, ruhelos schritt er auf und ab. Er hatte Eyla wiedergesehen, die er heute noch inniger liebte als einst — die aber beim Gutenachtsagen vor dem Altar der heiligen Elisabeth in Frau Elsabethas Wohngemach eine Verbeugung machte und das Zeichen des Kreuzes schlug!

Nun rang in ihm seine Liebe mit seiner Pflicht, mit seinem Gewissen. Er durfte niemals daran denken, seiner Gemeinde eine Pfarrfrau zu geben, die nicht ganz aus tiefstem, innerem Erleben heraus eins mit ihm war. Wie hätte er auch sonst vor seinem Gott bestehen sollen! Wahrlich, dieser Kampf war reichlich so schwer wie damals! Und wie würde es Eyla aufnehmen, die nur seinetwillen aus dem Kloster entwichen war!

Aber wie, sollte nicht die Liebe zu ihm stark genug bei ihr sein, eine echt evangelische Pfarrfrau aus ihr zu machen? Wohl — doch dann fehlte die Überzeugung, das Innerliche, ohne das es jetzt nun einmal nicht gehen konnte. Die Liebe konnte wohl für kurze Zeit manches überbrücken, aber niemals auf die Dauer einen Unterschied im Glaubensleben! Zumal er noch damit rechnen mußte — wie sie alle es taten —, daß ihr Glaube noch harte Kämpfe, vielleicht Verfolgungen würde durchhalten müssen. So gingen seine Gedanken hin und her, so rang er innerlich immer wieder im Gebet, bis er zur vollen Klarheit kam und den Weg vor sich sah, den er gehen mußte — mochte er noch so schwer sein! Sein Gott würde ihm helfen, und nur so konnte vielleicht auch ihr geholfen werden.

Es war gegen Mittag des anderen Tages, als Wolfgang es auf Justs Bitte so einzurichten verstand, daß er Eyla allein antraf. Zitternd und bleich stand sie vor ihm, ihre dunklen Augen strahlten. Wie bitter und schwer war doch seine Pflicht!

Und als er sie nun bat, Platz zu nehmen, und von ihrer Flucht aus dem Kloster zu sprechen anfing, ohne sie an sein Herz zu ziehen, da kroch wieder jenes bange Gefühl in ihr auf und wollte ihr schier den Atem rauben.

Aber nun fragte er sie: „Was war's, so dich zur Flucht veranlaßte?" O gewiß, er hatte sie nur prüfen wollen — sie rief mit unterdrücktem Jubel: „Du, nur du, Just, um deinetwillen floh ich, um deinetwillen lebe ich!"

„Eyla, höre mich an!" Und nun begann er davon zu reden, daß er sie vergeblich hatte bitten lassen, sich in Doktor Luthers neue Lehre zu vertiefen, daß er gemerkt habe, wie sie noch an ihrem Glauben hinge, der doch längst nicht mehr der seine war, daß seine Frau aber ganz einer Meinung mit ihm sein müsse, schon um seiner Stellung willen — er redete mit unendlicher Milde, seine Liebe sprach deutlich aus seinem Blick.

Da rief Eyla mit verhaltener Glut dazwischen: „Noch heute nehme ich deinen Glauben an, mein Just, ist mir's doch ganz gleich, ob ich zu den Heiligen bete oder nicht. Ist mir doch alles, alles gleich, so ich nur bei dir sein darf, ich brauche nimmer etwas anderes!"

Da hob er abwehrend die Hand und sprach weiter — sie mußte es hören, wie bitter schwer es ihm wurde —, aber sie verstand nur seine Worte — ihr Blick wurde starr, alle Farbe wich aus dem schönen Gesicht. Er sagte ihr, daß eben dieser ihr Standpunkt sie trenne, daß sein Weib aus innerer Überzeugung seinen Glauben teilen müsse — sehr vorsichtig wählte er seine Worte und fühlte doch an sich selbst, wie jedes sie in der Seele treffen mußte.

„Justus, du liebst mich nimmer", schrie sie auf, „sage mir solches, sonst könntest du nimmer so sprechen!"

„Ich liebe dich, Eyla, vielleicht mehr denn je", entgegnete er mit tiefem Schmerz, „aber mein Glaube, mein Gott und Heiland stehen mir über dir. Und mein Gewissen heißt mich so handeln, ich kann nicht anders."

„Just, ist solches dein letztes Wort? Oh, wäre ich dann lieber im Kloster geblieben! Nimm mich mit dir, ich will ja glauben, was du glaubst —", sie war aufgesprungen und umklammerte seinen Arm.

Sanft machte er sich los. „O Eyla, hätte ich dir und mir diese Stunde ersparen können", rief er, „ich leide wohl noch mehr wie du!"

Da trat sie einen Schritt zurück und sah ihn wie entgeistert an. „Wenn derart die neue Lehre ist, daß sie zwei liebende Herzen trennt, statt sie zu vereinen, dann will ich nimmer von ihr etwas wissen", sagte sie tonlos. „Leb wohl, Justus!"

Ehe er es hätte hindern können, war sie gegangen.

Mit tiefem Aufatmen strich sich der Pfarrer durchs Haar, dann suchte er den Freund auf. „Ich konnte nimmer anders handeln", murmelte er, als er ihm sein Herz ausgeschüttet hatte.

„Du durftest nimmer anders handeln", entgegnete Wolfgang tiefernst, „du hättest sonst unseren Glauben verleugnet."

Beim Mittagsmahl ließ sich Eyla entschuldigen, zum Abschied der Gäste gleich nachher aber kam sie herunter und reichte wortlos auch Justus die Hand. Marmorweiß war sie, keine Miene ihres Gesichtes verzog sich.

Als aber der Wagen vom Hof gerollt war, brach sie bewußtlos zusammen, und schon eine Stunde später stand der Arzt am Bett des von wilden Fieberphantasien gepeinigten Mädchens.

Wie ein Lauffeuer hatte die Kunde von der Sendung eines lutherischen Geistlichen an den Landgrafen sich durch das ganze Hessenländchen verbreitet. Voller Entsetzen kam die katholisch gesinnte Geistlichkeit zusammen und zerbrach sich vergebens den Kopf, was zu tun sei.

Am gehässigsten war Pater Nikolaus Ferber. Man kam schließlich überein, an den Fürsten ein Schreiben zu richten, in dem er eindringlich gebeten und gewarnt wurde, „sich nicht mit den ketzerischen Schriften Luthers und Melanchthons abzugeben." Sämtliche Anwesende übertrugen die Abfassung dieses Schreibens Pater Nikolaus, der als ein gewandter und in schriftlichen Abhandlungen erfahrener Mann bekannt war.

Bei seinem noch ganz persönlichen Gründen entspringenden Haß gegen Luthers Lehre konnte es nicht ausbleiben, daß dieses Schreiben einen nicht sehr milden und vorsichtigen Charakter bekam! Fügte er doch noch die dringende Aufforderung hinzu, „der Landgraf möge dem Vorbild seiner im Schoß der römischen Kirche gestorbenen Vorfahren folgen und das ihm von Gott verliehene Schwert gleich den Königen und Fürsten von Italien, Spanien und Frankreich gegen die Ketzer gebrauchen*".

* Seckendorf, Historia lutheranism. Lib. I, p. 296.

Mit brennender Ungeduld sah das ganze Volk der Antwort des Fürsten entgegen. Sie kam sehr bald und ließ an Deutlichkeit nichts zu wünschen übrig. Philipp antwortete, er habe in dem Schreiben „nicht viel Sanftmütigkeit, Geduld oder brüderliche Lieb ... aber hundertfalt mehr Haß wie immer, Neyd, geschwinde Verfolgung, die Rach, so Gott allein zugehört, yn einem unruhigen und fahrenden Geist, da Gottes Geist nicht by wonet, vernommen —*" und gab zugleich die Versicherung, daß er alte, in Gottes Wort gegründete, christliche Gebräuche beibehalten und nur Menschensatzungen abschaffen wolle.

Dieser sehr klaren und deutlichen Antwort folgte alsbald der entscheidende Schritt des Fürsten. Er ließ Johann von Campis, Pfarrer an der Martinskirche zu Kassel, kommen und den ersten öffentlichen lutherischen Gottesdienst in der Pfarrkirche zu St. Martin abhalten.

Dies geschah Ende März 1525.

Das mächtige Schiff und die Emporen der schönen Kirche waren an diesem denkwürdigen Sonntag schon lange vor Beginn des Gottesdienstes so gedrängt voll, daß viele Hunderte keinen Raum in der Kirche mehr fanden und draußen den großen Platz füllten.

Jetzt kam vom Schloß hernieder der Fürst mit seiner Gemahlin und denjenigen seines Gefolges, die gleichfalls öffentlich sich zu der neuen Lehre bekennen wollten. Zwischen dem Landgrafen und der Fürstin Christine schritt Johann von Campis im schwarzen Predigerrock, die Bibel in der Hand. Feierlicher Ernst lag auf ihren Gesichtern und empfing sie aus den Augen der ungeheueren Menschenmenge. Weithin schallten die Glocken, zu diesem so bedeutungsvollen Gottesdienst einzuladen. Nun setzte die Orgel ein, und statt der gewohnten Chor- und Einzelgesänge der Priester und Gemeinde klang es zum erstenmal durch den weiten Raum in deutscher Sprache:

* Küchenbecher, Analecta Hass. Col. X, p. 393.

„Allein Gott in der Höh' sei Ehr'
und Dank für seine Gnade,
darum, daß nun und nimmermehr
uns rühren kann kein Schade ..."

Eine Bewegung ging dabei durch die Menge, die unbeschreiblich war. Aber nun trat tiefes Schweigen ein – der Pfarrer stand auf der Kanzel, und in schlichten, einfachen, gerade dadurch um so machtvoller wirkenden Worten verkündete er das Evangelium von der gerechtmachenden Gnade Gottes durch das Blut Jesu Christi, seines Sohnes.

Solch einem Gottesdienst hatte hier noch nie jemand beigewohnt. Das war es, was die Seelen brauchten, hier tat sich ihnen der Blick in wunderbare Tiefen der Liebe Gottes auf – ungezählte stille Tränen wurden abgewischt.

Und nun kam das Machtvollste: Der Pfarrer stand am Altar und teilte das heilige Abendmahl in beiderlei Gestalt aus, zuerst dem Landgrafen und seiner Gemahlin, dann aber allen, die es begehrten und damit öffentlich zur neuen Lehre sich bekannten.

Es war eine erhebende, hinreißende Feier, die keiner der Feinde, die sich unter die Menge gemischt hatten, zu stören wagte. Und wieder setzte die Orgel ein und noch machtvoller wie am Anfang brauste der Gesang durch die Kirche:

„Mein' Füßen ist dein heil'ges Wort
ein Licht, das nah und ferne
hell scheint und mir den Weg weist fort ..."*

Der Gottesdienst war zu Ende. Die Menge flutete hinaus. Draußen lachte die Sonne freundlich hernieder, ein frühes Frühjahr kündend. Drinnen in der Kirche aber hatte ein neuer Frühling mit neuem Leben seinen Einzug ins Hessenland gehalten, dessen Wehen bald die schönsten Blüten und Früchte bringen sollte. So war nun der reinen Lehre vom Evangelium die Türe im Hessenlande weit aufgetan, und täglich wuchs die Zahl derer, die sich ihr zuwandten.

* Verfasser des Liedes L. Spengler, gestorben 1534.

Um diese Zeit starb die Landgräfin Anna, die besondere Gönnerin des Paters Nikolaus Ferber. Sie wurde im Chor der Franziskanerkirche beigesetzt, und mit ihr verlor die römische Kirche in Hessen eine starke Stütze. Bereits im August desselben Jahres erwies es sich als notwendig, noch einen lutherischen Geistlichen nach Marburg zu berufen. Das Beispiel des Landesherrn und seiner treuen Gemahlin wirkte eben vorbildlich für viele.

Nur an einem prallte alles ab, und das war Herr Henne Gerhart. Zwar sagte er jetzt nichts mehr gegen die neue Lehre und ihre Anhänger, denn er hätte ja damit auch seinen teuren, jungen Landesherrn getroffen, an dem er mit großer Liebe hing, aber er besuchte fleißiger denn je die Messe, und ein bitterer Zug grub sich immer tiefer in sein früher so zufriedenes Gesicht hinein. Dazu fraß der Gram um die innere Trennung von den Seinen an ihm, obgleich er das nie zugestanden hätte. Mit Pater Nikolaus kam er kaum noch zusammen, doch sprach er auch darüber nie zu den Seinen.

Eine große Freude war es jedoch für diese, daß er hin und wieder Justs Briefe selbst las und beantwortete. Nur eins machte Frau Agnete bange Sorge, der starke, kräftige Mann hatte in der letzten Zeit nicht mehr die eisenfeste Gesundheit, die er sonst immer gehabt hatte. Er klagte nicht eigentlich, war aber nicht ganz wohl und fühlte sich oft ruhebedürftiger, als er es sich und den andern eingestehen wollte. Frau Agnete umgab ihn mit rührender Sorgfalt; er dankte es ihr oft mit stillem Lächeln und leisem Händedruck und wäre so glücklich gewesen, wenn eben das eine nicht gewesen wäre.

Frau Agnete aber faltete in ihrem inneren Weh immer wieder die Hände: „Herr, erbarm dich sein, hilf ihm, dann ist ihm geholfen; nur du allein kannst es!"

Der Sommer war heiß und gewitterreich gewesen, und auch heute, Ende August, standen dunkle Wolken zuhauf am Himmel und brütete Hitze über den Bergen. Ab und zu klang ein fernes Rollen und fuhr ein schwacher Windstoß durch die Bäume des kleinen Burggartens auf dem Biedenkopf.

Unter einer breitästigen Linde saßen Eyla und Hildegund beieinander. Hildegund hatte eine Arbeit in den Händen, indes ihre Gedanken wanderten. Eyla sah mit träumenden Augen vor sich hin. Das schöne Gesicht war sehr schmal und blaß geworden, ein schwermütiger Ausdruck lag in den dunklen Augen, grenzenlose Müdigkeit sprach aus jeder Bewegung. Es schien, als könne sie sich von der schweren Krankheit, in der sie fast sechs Wochen lang am Grabesrande gestanden, nicht mehr erholen, und der Sommer, von dem man so viel für sie hoffte, war fast vorüber.

Damals, als Eyla so schwer erkrankte, war Hildegund sofort zum Biedenkopf zurückgekehrt und hatte mit Margarete die Pflege übernommen. Sie war nicht leicht gewesen, im Gegenteil. Aus den wilden Phantasien hatte Hildegund bruchstückweise erfahren, was geschehen war und den Zusammenhang dann selber gefunden. Sie mußte ihrem Bruder recht geben, er durfte nicht anders handeln; aber dennoch litt sie auch mit Eyla. Ihr blieb jedoch nichts weiter übrig, als ihre Sorgen unters Kreuz zu legen, wohin sie noch nie vergebens gekommen war.

Stärkeres Donnergrollen machte Hildegund aufmerksam. Sie sah auf. „Ein Wetter zieht herauf, Eyla, wir müssen hinein", sagte sie und stand auf, und gerade, als sie in die Halle des Palas eintraten, fielen die ersten Regentropfen.

Eyla zog sich einen Stuhl ans Fenster und blickte in die jetzt häufigeren Blitze hinaus. Wie ihr Kopf schmerzte! Sie meinte manchen Tag, es nicht mehr ertragen zu können! Hildegund beobachtete sie von der Seite und dachte daran, daß Benedikta Eyla einmal fast aufgelöst in Tränen in der Burgkapelle vor dem Marienaltar liegend gefunden hatte. Sie hob sie auf, führte sie zu einer Bank und umschlang sie herzlich. „Nun weine, mein Kind, und dann sprich dein Herz frei."

Da hatte sie ihr stockend alles berichtet und schloß endlich: „Er hat mich vergessen, und ich — o Muhme Benedikta, ich liebe ihn mehr denn je! Wie grenzenlos aber schäme ich mich, dieweil ich mich so mit meiner Liebe von ihm zurückweisen lassen mußte!"

„Du siehst die Dinge verkehrt an, Eyla", entgegnete Benedikta, „ich vermeine, du müßtest ihn ob seiner inneren Gesinnung doppelt hoch schätzen. Mit seiner Liebe hat solches nimmer zu tun, die ist meiner Ansicht nach ebenso groß wie die deine."

Trostlos blickte Eyla vor sich nieder.

„Möchtest du jetzt nicht einmal mit deiner Not den Weg gehen, den wir und mit uns unzählige andere gegangen sind?" fragte Benedikta mit warmer Herzlichkeit. „Versuche doch, mein Kind, ob du nicht im Neuen Testament den Trost findest, so du brauchst."

Abweisend hob Eyla die Hände, ein trotziger Zug trat in ihr Gesicht. „Nein, nimmermehr! Diese neue Lehre trat zwischen ihn und mich, ich will ihr nimmer zufallen, da sie es fertigbringt, zwei Herzen zu trennen statt zu einen."

Benedikta versuchte, ihr das Törichte ihrer Ansicht klarzulegen, Eyla geriet jedoch dabei in solche Erregung, daß sie es schließlich unterließ. Traurig teilte sie Hildegund dieses Gespräch mit. Aber diese erwiderte: „Wir wollen beten und glauben."

Um jene Zeit kehrte Hildegund nach Marburg zurück und wohnte mit ihrer Mutter und der Muhme dem ersten lutherischen Gottesdienst bei. Seitdem teilte sie ihre Zeit zwischen dem Elternhaus und der Burg auf dem Biedenkopf. Kaum war sie zwei oder drei Wochen fort, so kam sicher ein Bote von Elsabetha und Eyla, sie wieder zu rufen. An all dies hatte Hildegund gedacht, während sie Eyla beobachtete und auch daran, daß Justus in seinen Briefen nach ihr fragte.

Das Herz tat ihr weh, wenn sie an diese beiden ihr so teuren Menschen dachte, denen sie doch nicht helfen konnte. Jetzt hatte sie noch etwas gewagt: Sie hatte stillschweigend auf Eylas Tischchen in ihrem Zimmer ein Neues Testament gelegt, heute früh erst. Anscheinend hatte ihre Base es noch nicht beachtet. Vielleicht konnte Gott durch sein Wort einen Eingang in dies arme, verschlossene Herz finden. O wie dankbar wollte sie dafür sein!

Nach dem Nachtessen zog sich Eyla sehr bald zurück, und Elsabetha brachte mit Hildegund zusammen die Kinder ins Bett. Die Kleinen taten's nicht anders, wenn Muhme Hildegund da war, und besonders Egbert, der älteste, der das ganze Ebenbild des Vaters zu werden versprach, hing förmlich an ihr. Nachdem sie den Kindern der Reihe nach einen Kuß gegeben hatte, ging Hildegund hinunter, trat auf den kleinen Burghof hinaus und setzte sich unter einer Eiche auf eine Bank. Hier wollte sie ein wenig ruhen, es war gar so schwül und drückend. Sicher kam zur Nacht noch ein Wetter auf, es leuchtete zuweilen vom Westen her scharf und blendend.

Sie faltete die Hände im Schoß und träumte vor sich hin. Da saß sie nun auf dem Biedenkopf als oft und immer gern gesehener Gast, der zur Familie gerechnet wurde — und einst!

Wie lange lag das zurück! Wieviel Leid, wieviel Tränen und durchkämpfte Stunden in diesen langen Jahren — wieviel Durchhilfe und Beistand der Gnade Gottes, wieviel Kraft aus der Quelle der Kraft in Jesu zum Kampf und zum Sieg!

Warum ihr Weg so und nicht anders gehen mußte, das wußte er am besten. Oft schon hatte sie sich an dem Wort erquickt: „... du wirst es aber hernach erfahren!" Hernach, wenn sie auf ihr Erdenleben nicht zurücksah wie auf eine bunte Stickerei von links, wo alle Farben und viele Fäden durcheinander und ineinander liefen und hingen, nein, wenn sie die rechte Seite würde anschauen können und mit jubelnder Freude sehen, welche schöne Arbeit in kunstvoll zusammengestellten Farben die Meisterhand Gottes aus ihrem Leben gemacht hatte.

Der stattliche Mann, der soeben in die Tür der Halle trat, schreckte ein wenig zusammen, als er die Gestalt im weißen Kleide dort drüben beim Schein der häufiger zuckenden Blitze sah. Aber da hatte sie ihn bemerkt. „Kommt, Herr Wolfgang", rief sie freundlich, „so es Euch nach einem kleinen Schwatz gelüstet!"

Nun trat er rasch herzu, blieb aber vor ihr stehen, an den Stamm gelehnt. Sie redeten von allerlei, von den Kindern, von dem heraufziehenden Wetter, von Hildegunds baldiger Abreise — der Ton ihrer Stimmen klang weich und herzlich, ohne daß ihnen dies zum Bewußtsein gekommen wäre.

Nun schwiegen sie beide eine Weile.

„Ihr waret vorhin so in Gedanken, Fräulein Hildegund, daß ich schon wieder fort wollte", hob Wolfgang plötzlich an.

Das Mädchen hörte die leise Frage aus den Worten und verstand ihn. „Ich dachte der wunderbaren Führungen meines Lebens nach", entgegnete sie sinnend, „und freute mich dabei der Freundlichkeit meines Gottes."

„Ich stand einst in Gefahr, meinen Glauben zu verlieren", sagte der Burgherr leise, „da streckte dieselbe Freundlichkeit Gottes die Hand nach mir aus und hielt mich. Aber dennoch, Hildegund, ich freue mich am meisten und getröste mich der schönen Ewigkeit."

Seine Stimme war immer leiser und weicher geworden. Hildegund senkte den Kopf — wenn von zwei gleichgestimmten Harfen die Saiten der einen mit kunstfertiger Hand berührt werden, dann klingen die der anderen mit.

„Dieses große, selige ‚Hernach' war es, so auch mich vorhin innerlich froh machte, mein Freund!"

Immer greller zuckten die Blitze, das schwache Grollen

wurde stärker. Nun fuhr ein heftiger Windstoß durch die Esche. „Geht hinein, Hildegund, das Wetter scheint bös zu werden. Ich will noch sehen, ob in den Ställen alles in Ordnung ist, alsdann komme ich auch in die Halle."

Seine Gestalt verschwand im Dunkeln; langsam stand Hildegund auf, ging hinein und setzte sich auf eine niedrige Bank, die auf einem Bärenfell stand. Immer noch tönten seine Worte in ihr nach. Nach einigen Minuten kam Wolfgang herein. Sie erkannte ihn am Schritt, drehte sich aber nicht um.

Er nahm nicht weit von ihr Platz und sprach: „Der Weg zu dem seligen ‚Hernach' ist vielleicht noch recht lang, Hildegund! Das soll uns aber nimmer den Mut nehmen — und vielleicht ist er auch kürzer, als wir ahnen."

Sie hob den Blick und sah ihn mit ihren blauen Augen träumerisch an: „Ob kurz oder lang, er endet am herrlichen Ziel."

Sie schwiegen beide, still war es in ihren Seelen. Aber der Unterton zu der Freude auf die schöne Ewigkeit war dennoch das leise Weh vergangener leidvoller Erdenzeit.

Benedikta kam mit Margarete herein, und bald folgte auch Elsabetha. Eyla hatte sich gleich nach dem Nachtessen zurückgezogen. Das Wetter schien doch seitlich vorbeizuziehen, so wünschte man sich bald eine gute Nacht und ging zur Ruhe. Hildegund zögerte ein wenig, als sie an Eylas Türe vorüberging. Sie rief ihren Namen, erhielt aber keine Antwort. Hoffentlich schläft sie, dachte sie erfreut, möchte ihr doch innerlich und äußerlich geholfen werden.

Aber Eyla schlief nicht. Mit weitoffenen Augen saß sie am Fenster und starrte in das Zucken der Blitze. Heute abend war wieder einmal besonders stark ihr ganzes Elend vor sie hingetreten und hatte auf ihr zerbrochenes Glück und Leben höhnend gedeutet. Von Verzweiflung gepackt, vergrub sie den Kopf in die Kissen ihres Lagers und konnte doch nicht gegen die schwarze Mauer an, die vor ihr stand. Dann schleppte sie sich zu dem Muttergottesbilde und rang in stummer Qual die Hände, aber trostlos und leer blieb ihre Seele. Mühsam stand sie auf und ging zum Fenster. Wie müde war sie, wie sterbensmüde! Was sollte ihr noch das Leben! Es konnte ihr nichts mehr geben als Leid und Weh – es war nutzlos, wertlos geworden – was tat's, wenn sie es von sich warf!

Zuerst schreckte sie vor diesem Gedanken zurück, aber schon nach kurzer Zeit hatte er das Beängstigende verloren. Sie beschäftigte sich eingehend damit, und als die Uhr vom Kirchtum im Städtchen die Mitternacht kündete, war ihr Entschluß gefaßt. Sie hatte dabei nicht gemerkt, daß ein Wetter losgebrochen war, wie es diese Gegend schon lange nicht heimgesucht hatte. Fast unaufhörlich war alles in bläuliches Licht getaucht, Schlag auf Schlag krachte der Donner.

Ihr sollte dieses Licht zum letzten Atemzug leuchten – sie trat dicht ans Fenster. Eine einsame Tanne ragte aus der Tiefe herauf – hier hinunter und das heiße, todwunde Herz hatte Ruhe gefunden!

Schon wollte sie sich auf die Fensterbank schwingen, da – ein Meer von Licht, ein Krach – die Burg zitterte schier in ihren Grundfesten –, Eyla wurde zurückgeschleudert und fiel fast besinnungslos neben ihrem Bett zu Boden. Nach einigen Minuten öffnete sie wieder die Augen. Es war noch immer erschreckend hell in ihrem Gemach, aber das war ein anderes Licht als vorhin – wie eine riesige Fackel brannte hellodernd die einsame Tanne –

Der Schreck war Eyla so in alle Glieder gefahren, daß sie am ganzen Körper zitterte und ihr fast die Zähne aufeinanderschlugen. Kaum konnte sie ihr Licht anzünden. Da sah sie ein kleines Büchlein auf dem Tisch liegen – wo kam das her? Fast mechanisch griff sie danach, schlug es auf, und nun fiel ihr Auge auf eine angekreuzte Stelle: „Kommet her zu mir alle, die ihr mühselig und beladen seid, ich will euch erquicken; nehmet auf euch mein Joch und lernet von mir, denn ich bin sanftmütig und von Herzen demütig; so werdet ihr Ruhe finden für eure Seele" — —

Heilige Mutter Gottes — was war das? Wer sagte hier: „Ich will euch erquicken — ihr werdet Ruhe finden für eure Seele —", das war ja, als wenn es zu ihr gesagt würde! Jetzt zitterten ihre Hände in anderer Erregung als vorhin — das mußte sie noch einmal lesen. Und sie las.

Längst war das Unwetter abgezogen, die Tanne war verkohlt, das Feuer vom Regen gelöscht, der leise herabrieselte. Eyla las immer noch! Ihr war zumute, wie wenn ihr das Tor zu einem Wunderland aufgetan worden wäre, hier — hier rauschte ein Born, der ihr Erquickung gab, hier leuchtete ihr eine Liebe entgegen, gegen die alle irdische nur bleich, nur ein Abglanz von dieser Liebe war, hier sah sie — oh, was sah sie nicht alles!

Zuerst, in welcher Finsternis sie bisher gegangen war, an welchem Abgrund sie vorhin gestanden hatte, wenn nicht Gottes Vaterhand sie so sichtbar zurückgerissen hätte — schaudernd sah sie es, und es zwang sie auf die Knie nieder: „O Gott, so ich wirklich zu dir persönlich kommen darf, so du wirklich der bist, der aus diesem Wort redet, dann hilf mir!"

Und als sei jetzt die Eisrinde gebrochen, so kam alles in diesen Stunden aus der Tiefe des Herzens heraus, und die ewige Liebe neigte sich voll unendlichen Erbarmens zu ihr hernieder, nahm sie ans Herz und sprach mild und sanft: „Friede sei mit dir, sei getrost!"

Der Morgen brach an. Als Eyla endlich mit tränenüberströmtem Gesicht sich von den Knien erhob, leuchteten ihre Augen — sie war dem Leben zurückgegeben. Es erging ihr, wie es jedem nach solch einer Nacht heißen Ringens ergehen muß! Sie konnte sprechen: „Ich habe Gott von Angesicht gesehen, und meine Seele ist genesen!"

Als sie am Vormittag nicht herunterkam, ging Hildegund, von Sorge und Angst getrieben, leise in ihr Zimmer. Da fand sie Eyla sanft schlafend auf dem Bett liegend, einen so friedvollen Ausdruck auf den schönen Zügen, daß Hildegund unwillkürlich erstaunte. Sie sah sich um, wo war das Neue Testament? Da sah sie es aufgeschlagen auf dem Tisch liegen, und dies sowie das herabgebrannte Lichtstümpchen daneben sagte ihr genug. Ihr Herz schlug vor freudiger Bewegung, Tränen traten in ihre Augen. Ganz leise wollte sie sich entfernen, da erwachte Eyla. Sie streckte ihr lächelnd die Hand hin. „Hast du mir das Büchlein hingelegt, Hildegund? Dann will ich dir danken, danken noch in Ewigkeit!"

Hildegund konnte nichts erwidern, sie weinte vor Freude! Und nun würde Gott doch noch ihrem geliebten Bruder und Eyla das erhoffte Glück geben, das war ihr nächster Gedanke. Sie hütete sich aber wohlweislich, ihn auszusprechen.

Es war eine selten schöne Überraschung für alle, daß Eyla nun auch in der neuen Lehre unterwiesen werden wollte — nur nicht für Elsabetha. Diese wurde blaß bis in die Lippen, als sie es hörte, dann preßte sie den Mund fest zusammen und ging mit kalter, trotziger Miene hinaus. Nun stand sie ganz allein in diesem Kreise, bisher hatte Eyla noch zu ihr gehalten. Mochte es denn sein! Sie würde ihren Weg auch allein finden, aber nimmermehr sich zu der lutherischen Lehre bekennen.

Jetzt begann für Eyla tatsächlich ein neues Leben. Sie hatte so viel zu fragen, brauchte Zeit, sich in alles hineinzufinden, aber der Boden ihres Herzens war durch das schwere Leid so durchgepflügt, daß der Same des reinen Wortes Gottes auf ein gar zubereitet und gut Ackerland fiel.

Dann kam doch endlich Hildegunds Abreise. Rasch nahm sie Eyla kurz vorher bei der Hand und zog sie zur Seite: „Soll ich Justus von dir grüßen?" Das Mädchen erblaßte. „Nein, Hildegund! Bitte, versuche mich zu verstehen. Ich weiß jetzt wohl, er konnte damals nimmer anders handeln — dennoch! Ich möchte mich ihm nimmer anbieten."

„Eyla", rief Hildegund betroffen, „fasse solches nicht so

auf! Denke, wie glücklich es ihn machen würde, so er erführe, es stünde nichts Trennendes mehr zwischen euch."

„Eben das soll er nicht erfahren", sprach das Mädchen sehr ernst und bestimmt; „er könnte dann meinen, ich hätte ihm zuliebe meine Gesinnung geändert, und er würde nimmer an die Echtheit der Tatsache glauben können. Erst die Zeit muß ihn lehren, daß mein Leben einen neuen Halt im Glauben an den gekreuzigten und erstandenen Erlöser gefunden hat, in ihm allein. Und Gott kann, so er will, unsere Wege wohl noch zusammenführen, ich aber will keinen Finger dazu aufheben."

„Wohl verstehe ich solches einerseits, Eyla", entgegnete Hildegund schmerzlich, „aber du gehst zu weit darin."

„Ich bitte dich, laß", wehrte Eyla mit zuckenden Lippen, „und nun wollen wir nimmer davon reden. Es tut solches doch noch zu weh."

Es blieb Hildegund nichts weiter übrig, als Eylas Bitten nachzukommen. Sie tat es mit schwerem Herzen. Wolfgang sah es ihr an und sagte, als er sie kurz vor der Abfahrt noch einen Augenblick allein traf: „Laßt sie, Hildegund. Sie hat nimmer unrecht. Und seid gewiß, unser Vater im Himmel führet auch diese beiden Menschen, die uns so lieb sind, auf rechter Straße." — Sie drückte herzlich seine Hand: „So wollen wir weiter beten und glauben, Wolfgang."

Es war Herbst und Winter geworden, nach dem Schnee und Eis fingen wieder an Frühlingslüfte zu wehen. Wie ein duftiger Schleier lag es über Baum und Strauch, und die zarten Frühlingskinder blühten und dufteten um die Wette.

Auch der Garten hinter dem stolzen Patrizierhause auf der Wettergasse Nr. 18 zeigte die ganze holde Frühlingsschönheit. Aber sie lockte auf das liebliche Antlitz Hildegunds kein Lächeln, obgleich sie einen zierlichen Strauß der Frühlingskinder soeben zusammenband. Im Gegenteil, bange Sorge sprach aus den klaren blauen Augen. Als sie aber nun ins Haus zurückging und leise die Türe zum Arbeitszimmer ihres Vaters öffnete, lag wieder der sonnige Schein auf ihren Zügen.

„Seht hier, herzlieber Herr Vater, der Frühling läßt Euch grüßen!“ Sie setzte die Blumen in ein kleines Väschen und stellte sie auf den Tisch.

Mit müdem Lächeln sah Herr Henne Gerhart darauf hin. „Wie schön! Hab Dank, liebes Kind!“

Hildegund setzte sich mit einer Handarbeit zu ihm hin und sprach von dem und jenem. Ab und zu kam Frau Agnete herein und strich liebevoll dem Gatten über die Hand und durch das völlig ergraute Haar. Dann hielt er wohl ihre Hand fest und sah sie traurig an.

Eine schwere Wolke hatte sich über das Haus gesenkt und schien sich mehr und mehr zu verdichten – Herr Henne Gerhart war krank geworden. Er hatte immer gemeint, man müsse sich überwinden können, aber nun war es doch anscheinend mit dem Überwinden nicht weitergegangen. Was ihm fehlte, konnte der Arzt nicht feststellen; es war eine langsame, doch sichere Abnahme seiner Kräfte vorhanden, und alle Medikamente und Heilmittel wollten nicht dagegen verschlagen. Bange lastete die Sorge um den geliebten Mann und Vater den Seinen auf dem Herzen – wie dankbar empfand es Frau Agnete jetzt oft, eine Zufluchtstätte zu haben, wohin sie mit all ihrer Sorge flüchten konnte, nie zu oft kam und nie ungetröstet fortging!

Ach, wenn sich ihr treuer Mann nur nicht so vollständig dagegen verschlossen hätte! Aber er wollte jetzt so wenig davon wissen wie ehedem. Mit beinahe fieberhafter Aufregung verfolgte er aber alles, was der Landgraf tat, um die Reformation in Hessen einzuführen. Dieses Vornehmen schien ihm zu ungeheuerlich – nächtelang schlief er nicht und mußte doch sehen, daß Philipp mit aller Ruhe und Besonnenheit einen Schritt nach dem andern machte. Keine einzige der feierlichen Prozessionen hatte bis jetzt in diesem

Jahre stattgefunden, und es lief sogar ein geheim Gerede im Volke umher, der Landgraf beabsichtige, einen Landtag nach Homberg einzuberufen, um zu besprechen, welche Maßregeln am besten und wirksamsten der Lehre Luthers Eingang in Hessen verschaffen könnten.

Mit den widerstreitendsten Gefühlen hörte der Kaufmann dieses alles und mußte sich doch obenein dabei sagen, daß Luther in allem, was er bis jetzt von ihm und seinen Schriften gehört hatte, nicht unrecht hatte. Dennoch — er liebte seine Kirche! Er hing an ihr, und dieser innere Zwiespalt, das innerliche Getrenntsein von den Seinen war wohl mit eine der Hauptursachen seiner Krankheit.

Er sprach mit keinem davon, auch nicht mit Pater Nikolaus, durch dessen Fanatismus er sich allzu sehr abgestoßen fühlte.

Herr Henne beschäftigte sich viel mit der Zukunft der Seinen, hatte auch alles für den Fall seines Todes geordnet. Sein blühendes Geschäft mußte nun auch in andere Hände übergehen, sein bisheriger Vertreter hatte es übernommen. Damit war Henne Gerhart in den Ruhestand getreten, wie er mit wehmütigem Lächeln sagte. Frau Agnete wischte sich rasch eine heimliche Träne ab, aber Hildegund sagte mit der ihr eigenen Art, über solche Augenblicke tröstend hinwegzuhelfen: „Wie schön, liebwerter Herr Vater, nun können wir Euch ganz bei uns behalten und nach Herzenslust pflegen und verwöhnen."

Heute nun war der Kranke sehr schweigsam und wortkarg. Mehr als einmal hatte ihn schon Frau Agnete gefragt, ob er sich besonders schwach fühle, aber nur ein Kopfschütteln als Antwort erhalten. Der Medikus wurde am Vormittag wieder erwartet, und mit einer gewissen leichten Ungeduld sah Herr Henne ihm entgegen.

Endlich kam der Ersehnte. „Ihr bleibt heute lange aus, Doktor", sagte der Kaufherr, „und ich möchte doch so gerne mit Euch über allerlei plaudern, noch obendrein über solche

Dinge, so meine Frau und Tochter nimmer hören sollen“, fügte er scherzhaft hinzu.

Erstaunt gingen die beiden auf seinen bittenden Blick ins Nebenzimmer, und nun fragte Henne Gerhart ganz unvermittelt: „Sagt mir, alter Freund, wie lange Zeit gebt ihr mir noch? Ihr wißt, mein Sohn ist nicht hier – ich hätte ihm noch etliches zu sagen.“

Betroffen sah der Arzt ihn an. „Aber Herr Henne! Ihr sollt doch noch einmal ganz hergestellt werden und auf dem Dammelsberg spazierengehen.“

„Macht mir nichts vor“, lächelte trübe der Kranke, „es wäre ja schön, so Euer Wunsch in Erfüllung ginge. Aber Ihr wißt ebensogut wie ich, daß es anders kommen wird. Und Wittenberg ist nicht Gießen; es nimmt Zeit, ehe der Bote hinkommt. Auch ob Justus alsdann sofort abkommen kann, ist die Frage.“

Der Medikus wich seinem Blick aus. „So es Euch eine Beruhigung ist – alsdann laßt ihn doch rufen.“

Henne Gerhart hatte ihn verstanden. „Langt's noch bis zum August, Doktor? Dann ist's gut.“

Als der Medikus, von Hildegund geleitet, zur Haustüre ging, sagte er leise: „Der Herr Vater will seinen Sohn rufen lassen und ihn noch einmal sehen und sprechen. Ich muß Euch sagen, Fräulein Hildegund, gebt ungesäumt nach! Sendet eilends gen Wittenberg und laßt auch Eurem Bruder Eile einschärfen, ansonsten es leichtlich zu spät sein könnte.“

Das Mädchen erbleichte. „Ich danke Euch für solch offen Wort.“

Herr Henne saß am offenen Fenster und schaute in den Garten hinaus. Auf dem blühenden Fliederbaum pfiff eine Amsel ihre schönsten Lieder, im Hofe ging majestätisch mit langen Schritten der Hahn zwischen seinen Hennen auf und ab, auf dem Gartenzaun saß die Hauskatze in der Sonne und putzte sich, die Magd ging just zum Brunnen, Wasser im Eimer zu holen. Das Leben ging vorwärts, ob er starb oder nicht.

Der Mensch sinkt ins Grab, wie wenn man ein kleines Steinchen in den breiten Strom wirft. Es zieht einen, zwei Kreise oder vielleicht drei, je nach dem der Mensch eine Lücke bei seinen Angehörigen hinterläßt — dann fließt der breite Strom, das volle Leben weiter.

Herr Henne rief seine Frau und Tochter zu sich. Er hatte eine lange Unterredung mit ihnen, bei der sie nur mit Mühe ihre Tränen zurückdrängen konnten — und schon auf Mittag ritt ein Bote zum Weidenshauser Tor hinaus und auf der Gießener Landstraße hin, um Wittenberg baldmöglich zu erreichen.

Auch nach der Burg auf dem Biedenkopf hatte Hildegund Nachricht gesandt. Mit Bangen hatte man sie dort schon länger erwartet. Eyla weinte und wollte sofort nach Marburg eilen, um an des Ohms Pflege teilzunehmen.

Wolfgang wehrte ihr aufs bestimmteste. „Wartet ab, Fräulein Eyla, noch ist nimmer die Zeit dazu. Pater Nikolaus würde nichts unversucht lassen, Euch in seine Gewalt zu bekommen, sobald er erführe, daß Ihr da seid. Haltet Euch jedoch bereit, wie Eure Base Euch schreibt, zu kommen, sobald sie Euer bedarf."

Eyla fügte sich schweren Herzens, Wolfgang aber teilte Muhme Benedikta heimlich mit, was Hildegund ihm allein geschrieben hatte, daß Eyla erst kommen sollte, wenn Justus da war.

Langsam gingen dem Mädchen auf der Burg die Tage dahin, obgleich es ihr an Arbeit nicht fehlte. Sie konnte sich um so mehr betätigen, als Margarete dem evangelischen Pfarrer in Kassel, Herrn Johann von Campis, die Hand zum Ehebunde gereicht hatte. Im übrigen lebten sie in gewohnter Weise in der Burg. Wolfgang kam seinen Pflichten als Burgmann des Fürsten in seltener Treue nach, daneben ging er fleißig auf die Jagd. Ihn fesselten nur die Kinder ans Haus, an denen er mit zärtlicher Liebe hing und die er jetzt sehr gegen den Willen seiner Frau in der lutherischen Lehre unterwies.

Elsabetha war außer sich darüber, aber alles prallte an seiner eisernen Entschlossenheit ab. „Solange sie zu wenig davon verstanden, gab ich dir um des Friedens willen nach", sagte er ruhig, aber bestimmt, „nun sie alt genug sind zu verstehen, geht es nach mir."

Von dem Tage an wurde es zwischen den Ehegatten wenn möglich noch förmlicher als sonst, obwohl Wolfgang auch jetzt in gewohnter, ritterlich-freundlicher Weise seiner Frau begegnete. Aber Elsabetha wahrte ihm gegenüber nur eben die Form und schloß sich ganz und gar ab.

Ein schwüler Sommertag. Leise und gleichmäßig fiel ein sanfter Regen seit der Nacht hernieder und erquickte die Natur. Durch die weitgeöffneten Fenster des Schlafzimmers im Gerhartschen Hause auf der Wettergasse strömten Duftwellen von den Rosen herein, die in wundervoller Fülle im Garten blühten. Herr Henne Gerhart aber sah nichts mehr von der Pracht dort draußen – seine Seele schickte sich an zur seligen Heimfahrt in die Ewigkeit!

Schon vor acht Tagen hatte er auf seinen Wunsch die letzte Ölung bekommen, dann aber war sein einziges Gebet nur noch gewesen, daß Justus zur rechten Zeit eintreffen möchte. Vor drei Tagen war er endlich gekommen, und am Tage nach ihm stieg in der zehnten Abendstunde Eyla aus dem geschlossenen Reisewagen, der vor dem Hause hielt. Sie war um einen Schein bleicher geworden, als sie dem Pfarrer gegenüberstand, hatte ihm aber dann mit ruhiger Freundlichkeit die Hand geboten und gesagt: „Ich erwartete, Euch zu treffen, Justus."

Sein Blick glitt wie früher mit herzlicher Liebe über das schmalgewordene schöne Antlitz, verwandelte sich aber in fragendes Staunen, als er den friedvollen Zug darin bemerkte und zugleich sah, wie sie achtlos am Altar des heiligen Franziskus vorüberging, der im Schlafzimmer stand. Es war aber keine Zeit, an anderes zu denken als an die schmerzliche Gegenwart. Jede Minute brachte die Familie am Sterbebett zu, kaum daß sie sich Zeit zum Essen ließen.

Henne Gerhart lag meist ganz still mit geschlossenen Augen. Auch wenn der Stadtpfarrer, Herr Johann Diemar, kam und mit eintöniger Stimme Sterbegebete murmelte, blickte er nicht auf. Der kam aber nicht mehr so oft, seit Justus da war, offenbar störte ihn die Anwesenheit des lutherischen Geistlichen.

Als aber Pater Nikolaus einmal Einlaß begehrte, ging Justus rasch hinab und sagte ernst und kalt: „Mein Vater hat das Sterbesakrament allbereits erhalten vom Herrn Stadtpfarrer. Eure Gegenwart ist überflüssig, Herr Pater. Ist mein Vater hinüber, kann ich Euch nimmer wehren, ihn auf dem letzten Weg zu geleiten. Doch rate ich Euch, in jeder Weise sich vorsichtig zu benehmen, dieweil es ansonsten in Marburg bekannt werden dürfte, was mich veranlaßte, Euch also zu begegnen!" Fast unheimlich glühten des Mönches Augen, er murmelte etwas vor sich hin und ging.

Heute morgen nun sahen alle, daß es mit dem geliebten Vater rasch zum Ende eilte. Agnete saß auf dem Bettrand und hielt seine Hände, mit äußerster Gewalt zwang sie sich zur Ruhe. Hildegund stand neben ihr, bereit, sie zu stützen. Justus und Eyla waren an der anderen Seite des Bettes, Muhme Magdalene saß am unteren Ende, die aufgeschlagene Bibel auf dem Schoß.

Plötzlich öffnete Henne Gerhart die Augen. Sein Blick glitt von einem zum andern und blieb auf Justus haften.

„Neige dich herab, mein Sohn", sagte er leise, aber vernehmlich, „und stütze mich."

Justus schob rasch den Arm unter sein Kissen und richtete ihn sanft auf.

Da nahm der Vater seine andere Hand und sprach mit Anstrengung weiter: „Seit einem Jahr gehört Eyla deiner Lehre an, — du solltest — es nicht — wissen, — sie wollte es nicht. Laß dir — von ihr — alles andere sagen. Ich aber — will — vor meinem Tode — euren Bund segnen, — so ihr euch noch liebt wie einst."

Glühende Röte jagte über das Gesicht des Pfarrers, als er mit aufleuchtendem Blick das Mädchen ansah. Sie war totenblaß geworden, ängstlich traf ihn ihr Auge.

„Eyla", sagte er innig und nahm ihre Hand.

Der Vater sah sie beide an, die neben dem Bett auf die Knie gesunken waren, ein schwacher Freudenschimmer glitt über seine eingefallenen Züge. Mit letzter Anstrengung legte er segnend seine Hand auf die ihren. Eine feierliche Stille herrschte, nur hin und wieder unterbrochen durch leises Schluchzen.

„Justus", sprach Henne Gerhart leise weiter, „ich sterbe in meiner Kirche —, aber ich hätte — weiser gehandelt —, auf des Luthers Lehren — zu achten. Ich vertröste mich — allein — des Verdienstes — unseres Heilandes —", er atmete tief auf und war hinüber ohne Todeskampf.

Leise legte Justus ihn zurück und drückte ihm die Augen zu — da las Muhme Magdalene mit stockender Stimme die letzten Verse des siebten Kapitels der Offenbarung Johannes — wie ein heiliges Wehen ging es durch das Gemach.

Justus führte seine fast zusammenbrechende Mutter ins Nebenzimmer und überließ sie hier der Muhme und seiner Schwester, dann nahm er wortlos seine Braut in die Arme und ging mit ihr in den Garten.

Mit großem Gepränge und unter Beteiligung fast der ganzen Stadt wurde Herr Henne Gerhart zur letzten Ruhe geleitet. Auf dem Friedhof segnete der Stadtpfarrer die Leiche ein — da aber trat rasch Justus vor. Mit schwankender Stimme segnete er seinen Vater noch einmal nach lutherischer Art ein — eine kaum zu unterdrückende Bewegung lief durch die Menge der Teilnehmer! Als er geendet hatte, stimmte plötzlich eine Stimme an — wer, hat man nie erfahren — und der bei weitem lutherisch gesinnte Teil fiel ein, daß es weithin über den stillen Gottesacker schallte:

„Mit Fried' und Freud' ich fahr' dahin in Gottes Wille;
getrost ist mir mein Herz und Sinn, sanft und stille,
wie Gott mir verheißen hat,
der Tod ist mein Schlaf worden.
Das macht Christus, wahr'r Gottes Sohn,
der treue Heiland,
den du mich, Herr, hast lan, und macht bekannt,
daß er sei das Leben mein
und Heil in Not und Sterben . . ."

Nächtliche Stille breitete sich über Marburg. Das Horn des Wächters verkündete die elfte Stunde, an den Straßenecken flackerten die Öllämpchen in den hängenden Laternen, einzelne verspätete Bürger eilten ihren Häusern zu.

Im Wohnzimmer des Gerhartschen Hauses saßen Justus und Eyla mit Hildegund noch beisammen. Bis ins Innerste erschüttert hatte den ernsten Mann das, was das Mädchen über jene Gewitternacht erzählt hatte, in der sie den rechten Weg fand. Niemand wußte bis jetzt davon, sie hatte darüber geschwiegen. Heute aber sollten Justus und Hildegund es erfahren. Schaudernd zog er sie an sein Herz, während Hildegund immer wieder innerlich Gott von Herzen dankte, daß sie damals das Testament hingelegt hatte.

Dann suchten sie ihre Zimmer auf, um nach dem schweren Tage Ruhe zu finden, aber Hildegund saß noch lange am geöffneten Fenster, und immer wieder flossen ihre Tränen um den geliebten Vater. Konnte es wohl einen herberen Schmerz als diesen geben?

Doch nein, ihr stärkster Schutz und Halt, ihr Meister Jesus Christus, war ihr geblieben, und auch einen irdischen Halt hatte Gott ihr noch gelassen — Wolfgang von Breidenbach war ihr und auch der Mutter ein treuer Freund geworden!

Mit dankbarem Herzen suchte sie endlich ihr Lager auf. Sie ahnte nicht, daß ihr Weg noch durch tiefere Wasser als bisher führen würde!

Vier Wochen nach dem Hinscheiden Henne Gerharts fand in aller Stille die Trauung von Justus und Eyla im großen Prunkgemach des Hauses auf der Wettergasse Nummer 18 statt, und Justus Winter, der protestantische Geistliche, segnete mit warmen Worten den Ehebund des Paares ein.

Außer der Familie waren nur Wolfgang mit Elsabetha und Muhme Benedikta zugegen, sonst niemand. Während der Geistliche sprach, durchflog blitzschnell Hildegund die Erinnerung an jenen Abend vor der Heimkehr ihres Bruders — damals, vor zehn Jahren. Eyla hatte die roten Rosen gewählt, sie die weißen — sie blickte vor sich nieder, damit niemand die Tränen in ihren Augen sehen sollte.

Aber ob ihr Weg auch nicht leichter gewesen war, er war von Gott so gewählt worden. Das machte sie immer wieder fröhlich.

Nach dem Hochzeitsmahle saßen sie in angeregtem Gespräch zusammen. Die beiden lutherischen Geistlichen hatten viel von ihren Ämtern und Arbeiten zu reden, Wolfgang viel zu fragen nach Doktor Luther, Melanchthon und den anderen Reformatoren. Da ließen laute Stimmen im Flur sie aufhorchen — und jetzt riß die Magd die Türe auch schon weit auf, und mit wohlwollendem Lächeln und freundlichem Gruß trat der junge Landgraf herein, gefolgt von seiner Gemahlin und etlichen Herren des Gefolges.

Das war eine Überraschung!

Ganz ungläubig sah Justus den Fürsten an, so daß dieser lachend sagte: „Schauet nimmer so merkwürdig drein, liebwerter Herr Pfarrer! Ihr werdet Euch doch noch meiner erinnern?“ Und mit warmer Herzlichkeit fuhr er fort: „Ich vernahm, daß heute Euer Ehrentag sei. Da wollten wir, meine Frau und ich, nebst diesen Herren Euch und Eurem jungen Ehegemahl selbst Glück und Gottes Segen wünschen."

„Damit bereiten Euer Liebden uns die größeste Freude und Ehre!" rief Justus hocherfreut, indes Eyla mit leuchtenden Augen die Segenswünsche der jungen Fürstin entgegennahm.

„Ihr seid durch mancherlei Trübsale und Nöte gegangen", sprach Philipp und nahm zwanglos im Kreise Platz, „hat mich solches tief betroffen, da ich bald nach Eurem Fortgang im letzten Jahre vernahm, wie nahe Euch jene Klostergeschichte in Haus Nazareth angegangen hat. Doch mit um so mehr Dank und Preis der Güte Gottes schaut Ihr wohl heute zurück und auch vorwärts."

„Alles dienet zum Besten", sagte Justus ernst, „es bleibt immer noch dabei: ‚Er führet mich auf rechter Straße um seines Namens willen'."

Wohl eine Stunde und darüber blieben die hohen Herrschaften in lebhafter Unterhaltung da, dann trank der Landgraf seinen Pokal zu Ehren der Braut leer und erhob sich. Er steckte dem Pfarrer als Angebinde einen kostbaren Siegelring an den Finger, die Landgräfin aber hing ein feines Goldkettlein mit einem Edelstein in schöner Fassung um den Hals der strahlenden Braut. Dann gingen die Herrschaften zum Wagen, geleitet von dem jungen Paare.

Am nächsten Morgen hieß es auch für dieses, Abschied nehmen. Wohl gab es große Bewegungen und Tränen dabei, wußte man doch nicht, ob es noch ein Wiedersehen hienieden für sie alle geben würde. Als aber der offene Reisewagen im hellen Sonnenschein auf der Landstraße Gießen zufuhr, blickte Eyla mit strahlenden Augen dem sonnigen Leben entgegen, das vor ihr lag.

„Wie gut ist unser Gott zu uns! Unser ganzes Leben soll ihm in unwandelbarer Treue geweiht sein als Dankopfer, Justus", sagte sie innig.

„Amen, das walte Gott", erwiderte Justus bewegt.

Mit sicherem Blick und fester Hand führte der junge Landgraf Philipp das Reformationswerk in Hessen durch, unbekümmert um das Zetergeschrei seiner Gegner. Er berief eine Synode auf den 20. Oktober 1526 nach Homberg, zu welcher „alle Untertanen geistlichen und weltlichen Standes" eingeladen waren. Da erschienen von Marburg der Bürgermeister, Herr Heinrich Goldschmidt, und von geistlicher Seite Pater Nikolaus Ferber mit anderen.

In der Pfarrkirche zu Homberg fanden die Verhandlungen statt und wurde von den Versammelten die volle Einführung der Reformation mit evangelischen Geistlichen in den Kirchen festgesetzt, weiter die Unverbindlichkeit der Klostergelübde verkündet und die Gründung einer Universität in Marburg beschlossen.

Pater Nikolaus protestierte mit lauten Worten aufs heftigste — man achtete überhaupt nicht auf ihn!

Wie ein breiter Strom flutete nunmehr die neue Zeit ins Land hinein, und überall merkte man sehr bald ihren Einfluß. Den Mönchen wurde freigestellt, das Klosterleben aufzugeben, und am Anfang des neuen Jahres nahmen die Brüder vom „Gemeinsamen Leben" die Reformation an. Willig stellten sie dem Landgrafen ihre Kirche und ihr Haus für die noch zu gründende Universität zur Verfügung und überließen ihm auch zu dem gleichen Zweck ihre schöne Bibliothek. Am 24. Mai 1527 wurde der Stadtpfarrer, Herr Johann Diemar, seines Amtes entsetzt und an seiner Stelle die beiden ersten evangelischen Pfarrer öffentlich eingeführt, nämlich Doktor Amandus und Magister Johannes Rosenweber.

Pater Nikolaus Ferber erlebte all dieses Neue in Marburg nicht mehr. Er war bald nach der Synode nach Köln gegangen, wo der Hauptsitz seines Ordens war. Von dort spornte er die Franziskaner in Marburg zum hartnäckigsten Widerstand an, und diese und die Brüder vom Deutsch-Orden widerstanden der Reformation aufs äußerste. Aber der Landgraf meinte gleichmütig: „Wir schaffen's schon noch mit ihnen."

Das Hauptinteresse des Fürsten und seine größte Sorge galt nun der Gründung der Universität. Er fand, daß das Dominikanerkloster mit seinen Gebäuden sich am besten dazu eignen würde, und ließ dies alsbald Herrn Anton Isenhard, dem Prior des Klosters, mitteilen. Dieser mitsamt den Mönchen, dreizehn an der Zahl, war mit dem Plan des Landesherren völlig einverstanden. Am 1. Juni 1527 leisteten sie eine evangelisch klingende Verzichturkunde und verließen ihre bisherige Wirkungsstätte. Am Abend dieses 1. Juni 1527 fand im Beisein des Landgrafen und seines Hofes, des Rates und vieler Marburger Bürger die Weihung des Klosters zur Universität statt, am 1. Juli aber bereits die Einweihung derselben.

So wurde nun das reine Evangelium fortan in Marburg verkündet, und Landgraf Philipp blieb der eifrigste Förderer desselben.

Mit innigster Anteilnahme hatten die Bewohner des schönen Patrizierhauses auf der Wettergasse und der Burgherr in Biedenkopf die Vorgänge in Marburg verfolgt, und wo sie konnten, halfen sie mit Wort und Tat bei all dem Großen, was geschah. Die hohen Prunkräume im Gerhartschen Hause wurden wieder geöffnet, es fanden hier die Zusammenkünfte der lutherischen Geistlichkeit von Marburg und Umgegend statt, an denen auch der Landgraf regelmäßig teilnahm.

Aus Wittenberg, wohin Justus zum Geistlichen berufen worden war, kamen gleichmäßig gute und frohe Nachrichten. Eyla schrieb begeistert über Luthers Haus. Sie stand mit Frau Käthe in engem Verkehr, aber auch mit den Familien der übrigen Reformatoren, und jetzt, im Oktober, brachte ein Extrabote die freudige Kunde von der Geburt eines Söhnchens.

Wie gerne wäre die dankbare Großmutter sofort nach Wittenberg gefahren, aber Hildegund wehrte ihr. „Ich führe ja selbst so gerne hin", sagte sie, „aber sehet, liebste Frau Mutter, für Euch ist's anjetzo in dieser Jahreszeit zu beschwerlich. Geduldet Euch bis zum Frühling, alsdann reisen wir beide."

In diesem Sinne schrieben sie auch an die glücklichen Eltern und freuten sich jetzt schon auf die Reise — aber sechs Monate sind eine lange Zeit, in der viel geschehen kann.

Es war November geworden. Von den Bergen zogen die Nebel zu Tal. Es regnete viel.

Hildegund war wieder einmal einer Einladung nach Biedenkopf gefolgt und verbrachte dort etliche Tage im trauten Beisammensein mit den Bewohnern der Burg.

Egbert war nun schon zehn Jahre alt und über sein Alter hinaus gereift; es war ihm das liebste, wenn er bei Muhme Hildegund sitzen und den biblischen Geschichten lauschen konnte, die sie so vortrefflich zu erzählen verstand. Elsabetha sagte nichts mehr dagegen. Sie war freundlich wie immer, ließ aber niemanden in ihr Inneres blicken.

Es war ein stürmischer Spätherbsttag. Die Frauen saßen mit den Kindern in der Halle vor dem Kamin, plauderten, arbeiteten und horchten dazwischen auf das Toben des Sturms. Wolfgang war nach Laasphe geritten, wollte aber bis zum Abend zurück sein. Doch das Nachtessen kam, ohne daß er wiedergekehrt war. Man wunderte sich nicht weiter darüber, als es aber zehn Uhr und noch später wurde, ergriff die Frauen doch eine gewisse Unruhe.

Hildegund bebte vor verhaltener Angst; mit untrüglicher Gewißheit fühlte sie, daß ein Unglück geschehen war. „Du solltest Boten aussenden, Elsabetha, Wolfgang müßte längst hier sein!" rief sie endlich besorgt.

„Er liebt nicht, daß viel Wesens um ihn gemacht wird", wandte Elsabetha ein, „so du es auf dich nehmen willst, dann schicke einen Knecht gen Laasphe."

Hildegund eilte statt einer Antwort hinaus, und schon nach wenigen Minuten war ein Knecht nach Laasphe unterwegs. Dann ging sie langsam, trotz des Regens, zum Palas zurück, — eine unsägliche Angst preßte ihr fast das Herz zusammen.

Nach und nach begann auch Elsabetha erregt zu werden. Sie behauptete allerdings lächelnd, die anderen hätten sie angesteckt, aber man sah ihr doch die Uruhe an.

Wie langsam ging die Zeit hin — wollte der Bote immer noch nicht zurückkommen? Da — Stimmen draußen —, der Hofmeister kam mit dem völlig durchnäßten Knecht herein. Der Herr sei schon gegen Abend von Laasphe fortgeritten, berichtete er, und habe vorher geäußert, daß er über die Berge zurückreiten wolle, um noch einen Braten zu schießen. „Herrin, es ist ein Unglück geschehen", sagte der Hofmeister aufgeregt, „verstattet, daß ich mit etlichen Knechten ihn suchen gehe."

„Geht", erwiderte Elsabetha, nun auch in ängstlicher Sorge.

Und wieder saßen die Frauen und lauschten, nur einmal stand Hildegund auf und ging hinauf in ihr Zimmer. In heißer Angst und Sorge betete sie um Kraft für die nächsten Stunden, flehte um das teure Leben des Mannes, der irgendwo im Dunkel der Nacht hilflos lag, wie es ihr Gewißheit geworden war, flehte, daß ihn die Knechte finden möchten.

Schon zog das fahle Grau des neuen Tages herauf, da kamen die Leute zurück, auf schnell hergerichteter Tragbahre behutsam ihren Herrn tragend. Vorsichtig wurde er auf sein Lager gebettet. Mit geschlossenen Augen lag er totenblaß da, leise sickerte das Blut tropfenweise aus dem Munde. So hatten ihn die Leute gefunden, sein Roß verendend ein Stückchen entfernt. Anscheinend war es mit seinem Reiter in der Dunkelheit gestürzt, und Wolfgang hatte sich beim Fall schwer verletzt.

Der Arzt kam bald. Schmerzlich stöhnte der Kranke bei

der Untersuchung. „Rippenbruch. Die Rippe ist in die Lunge eingedrungen und hat diese schwer verletzt", lautete der Ausspruch des Medikus.

„Und keine Hilfe, nicht wahr?" fragte Hildegund totenblaß.

Da wandte sich der Mann schweigend ab –

Wie selbstverständlich blieb Hildegund an Wolfgangs Lager sitzen, sie überlegte nichts, sie dachte nichts, sie empfand nur, daß sie ihn verlieren sollte! Elsabetha sah sie mit eigentümlichem Blick an und bat dann leise: „Bleibe hier!"

Stunde um Stunde verrann. Schon stand die Sonne im Mittag, als Wolfgang die Augen öffnete. Sein Blick traf Hildegund, ein kaum merkliches Lächeln glitt um seinen Mund. Lange sah er sie an. Ihr Herz bebte, aber sie zwang sich zur Ruhe. „Das ‚Hernach' kommt schneller, als wir ahnten", sprach er kaum vernehmlich. Wieder schloß er die Augen, sie wischte ihm den Schweiß ab.

Elsabetha saß an der anderen Seite. Nun beugte sie sich über ihn und fragte sanft: „Wollt Ihr die Kinder sehen, Wolfgang?"

„Noch nicht", antwortete er und sah sie an, „ich muß zuvor noch einiges mit dir ordnen, mein Weib." Er sprach mit großer Anstrengung; man sah, wie ihm jedes Wort Mühe machte.

Jetzt faßte er mühsam ihre Hand: „Vergib mir, so ich dir nicht die Liebe entgegenbringen konnte, die ich hätte sollen! Wir litten beide schwer unter dem, wodurch andere an uns sündigten. Ich vergab ihnen längst, denke auch du ihrer ohne Bitterkeit. Aber ich ehrte und schätzte dich allezeit als die Herrin meines Hauses, die Mutter meiner Kinder."

Elsabetha hatte den Kopf gesenkt. „Vergib auch du", bat sie leise, „ja, unser beider Leben war liebeleer, längst weiß ich, wem deine Liebe galt – Hildegund."

Das Mädchen wurde totenbleich und sah sie fast entsetzt an.

„Ich zürnte nimmer darüber", fuhr Elsabetha fort, „im Gegenteil, ich verstand solches, und sie ist auch mir lieb und wert geworden. Uns banden die Kinder aneinander und die" — sie stockte einen Augenblick — „hast du angefangen mir zu entfremden durch den neuen Glauben."

„Nenne es den reinen Glauben, Elsabetha! Ach, in diesem hätten wir uns vielleicht gefunden, so du dich ihm zugewandt hättest! Ich sterbe, Elsabetha. Viel früher, als ich gedacht, ruft mich mein Gott. Anjetzo gib du mir das heilige Versprechen, unsere Kinder in der reinen Lehre des Wortes Gottes weiter zu erziehen, wie ich solches begonnen habe."

Er sah sie bittend an.

Da kam der trotzige Zug wieder in ihr schönes Gesicht, sie sprach leise und fest: „Nimmermehr! Ein solches Versprechen wäre Heuchelei von mir."

„Elsabetha!" fast flehend klang es.

„Nimmermehr", wiederholte sie noch einmal, „im Gegenteil! Ich werde sie sofort wieder in der Lehre unserer heiligen Kirche erziehen."

Er schwieg einen Augenblick völlig erschöpft. Nun forderte er: „Ruf Muhme Benedikta und den Hofmeister."

Befremdet sah Elsabetha ihn an, doch sie ging, seinem Wunsche nachzukommen.

Als sie hinaus war, öffnete er die Augen und blickte Hildegund an. „Du hörtest solches", sprach er, „ich sehe keinen Weg als nur noch einen: Dir hinterlasse ich meine Kinder als mein höchstes Gut, du wirst sie aufziehen zu wahren Nachfolgern Christi. Wie bin ich froh, daß du hier und bei mir bist!"

„Wolfgang!" schrie Hildegund fast auf. „Solches wolltest du — ach, vielleicht besinnet sich Elsabetha — o Gott —" sie brach ab, die Burgherrin trat ein, gefolgt von Benedikta und dem Hofmeister.

Im Gesicht des bärtigen Mannes, der treu an Luther und dessen Lehre hing wie sein Herr, zuckte es seltsam.

„Elsabetha, noch einmal bitte ich dich innig, von Herzen, erziehe unsere Kinder als lutherische Christen", bat Wolfgang sehr mühsam, aber mit verständlicher Stimme.

„Nein, niemals", entgegnete sie fest und bestimmt.

Erschreckt sahen alle sie an, Hildegund flehte weinend: „Sage ja, Elsabetha, ich will dir dabei helfen", — doch diese schüttelte nur den Kopf.

Da winkte Wolfgang die anderen näher heran und sagte mit Aufbietung aller Kraft vernehmlich: „So nehme ich dir als Vater der Kinder und Wächter über ihre Seelen das Recht, sie weiterhin zu erziehen und übergebe sie Euch, Hildegund Gerhart, daß Ihr für sie sorget an Leib und Seele, und sie in dem Glauben ihres Vaters aufwachsen. Ich kann nimmer anders, so bitter leid mir mein Weib tut. Mein Vermögen ist geordnet, für mein Weib und meine Kinder ist gesorgt. Auch hat Elsabetha noch das Erbteil ihres Ohms zu eigen, ich rührte nichts davon an. Ihr beide, Muhme Benedikta und mein Hofmeister, seid Zeugen dessen, was ich bestimmt habe. Und nun bringt mir die Kinder."

Das hatte Elsabetha nicht erwartet. Fast erstarrt stand sie da, bleich bis in die Lippen. Sie fühlte, ihr Mann tat recht, er handelte heute so nach seinem Gewissen, wie einst Justus vor zwei Jahren es auch hier oben getan hatte — sie fühlte, ein nachgebendes Wort von ihr — und er ließ ihr die Kinder. Trotzig warf sie den Kopf zurück! Niemals! Es mochte gehen, wie es wollte!

Blitzschnell waren diese Gedanken durch ihren Kopf gezogen, nun sah sie Hildegund an. Diese hatte die Hände gefaltet, Träne um Träne rann über ihr blasses Gesicht. Einen Augenblick wollte Bitterkeit gegen sie in Elsabetha aufsteigen; aber ihr Gerechtigkeitsgefühl war stärker, sie wußte nur zu gut, Hildegund trug keine Schuld an allem.

Benedikta brachte die Kinder. Scheu und ängstlich sahen sie auf den Vater. Sie hob eins nach dem andern der Kleinen zu ihm — segnend legte er die Hand auf ihre Blondköpfe.

Dann brachte sie sie wieder hinaus, und auch der Hofmeister ging, nachdem er seinem Herrn noch einmal die Hand gedrückt hatte.

Und wieder verrannen einige Stunden. Wolfgang lag ganz still. Hin und wieder wollte Hildegund ein namenloses Weh ergreifen, aber dann flehte sie innerlich: „Herr, hilf mir!" und es wurde wieder stiller in ihr. Einmal streckte sie Elsabetha zaghaft die Hand hin. Mit langem Blick sah diese sie an, drückte ihr dann aber fest und herzlich die Hand.

Gegen Abend wurde Wolfgang unruhig. Er öffnete die Augen weit und sah sie beide groß an. Kalter Schweiß trat auf seine Stirne — milde wischte Hildegund ihn ab.

„Bald seid Ihr daheim, Wolfgang", sagte sie sanft, „grüßt meinen herzlieben Vater!"

Ein verklärendes Lächeln glitt über seine Züge. „Ja, daheim im Licht —", er wollte noch etwas sagen, aber große Blutstropfen drängten sich schneller und schneller über seine Lippen — noch ein kurzes Aufatmen — er war daheim — —

Heiliger Abend. In winterliches Weiß ist die Natur gehüllt, lautlos fällt Flocke auf Flocke.

Im schönen Patrizierhause auf der Wettergasse Nummer 18 in Marburg herrscht reges Leben und Treiben. Munter trippeln Kinderfüßchen treppauf, treppab, frohe Stimmen fragen immer wieder, ob das Christkindlein denn noch alleweil bei Muhme Hildegund unten in dem schönen großen Zimmer ist!

Justus, ein Bübchen von fast drei Jahren, steht auf den Fußspitzen am Fenster, das Näschen an den kleinen, runden Scheiben breitgedrückt, er will das Christkindlein sehen, wenn es aus dem Haus fliegt; Hella erzählt Waltraud und Philipp, wie der Heiland auf die Erde kam, Muhme Benedikta und Magdalene hören andächtig zu.

Doch nun traten Frau Agnete und Hildegund ein, die Kinder jubelten ihnen entgegen. Hildegund nahm Justus auf den Arm, Waltraut und Philipp erwischten an jeder Seite eine ihrer Kleiderfalten. Sorgsam führte Frau Agnete Muhme Magdalene, Benedikta nahm Egbert und Hella bei den Händen, so ging es hinunter ins schöne große Zimmer. Da waren auf langer Tafel schöne und nützliche Dinge aufgebaut, die das Christkindlein gerade vorhin gebracht hatte, aber zuerst wurde das Lied gesungen:

„Gelobet seist du, Jesus Christ,
daß du Mensch geboren bist
von einer Jungfrau. Das ist wahr;
des freuet sich der Engel Schar. Kyrieleis.

Das ewig Licht geht da herein,
gibt der Welt ein'n neuen Schein;
es leucht' wohl mitten in der Nacht
und uns des Lichtes Kinder macht! Kyrieleis."

Justus hatte es als neuesten Sang Doktor Luthers ihnen kurz vor dem Feste gesandt. Dann las Muhme Magdalene die schöne Weihnachtsgeschichte vor; nun bekam ein jedes seine Gaben ausgeteilt, und die Räume des alten Patrizierhauses hallten wider vom Jubel der Kleinen.

Das Bild, welches sich hier in dem großen Zimmer bot, lockte der alten Magd heiße Tränen in die Augen — ach, wenn doch dies der selige Herr hätte mit ansehen können, und wenn doch die lieben Kleinen wirklich Hildegunds eigene gewesen wären!

Sie durften heute eine Stunde länger aufbleiben, aber dann hieß es ins Bett, um morgen, am ersten Festtag, ins Gotteshaus gehen zu können. Die Frauen blieben noch ein wenig beisammen, lasen noch einen Bibelabschnitt zusammen und gingen dann auch zur Ruhe.

Der Wächter blies die zehnte Stunde, als Hildegund noch einmal an die Betten der Kinder trat wie an jedem Abend.

Mit herzlicher Liebe sah sie auf die im Schlaf geröteten Gesichter hernieder, drückte leise einen Kuß auf ihre Stirne und ging dann in ihr Zimmer, um noch eine stille Stunde für sich zu haben.

Sie schlang ein warmes Tuch um und setzte sich auf einen Stuhl am Fenster. Die Sterne strahlten und glitzerten auf die stille, weiße Erde. Feierlich zog die Christnacht über das weiße Land.

Hildegunds Herz war übervoll. Sie gedachte des geliebten Vaters, dessen Hügel sie heute nachmittag mit Tannengrün und Efeu geschmückt hatte, aber dann eilten ihre Gedanken zu dem einsamen Hügel dort auf dem Friedhof in Biedenkopf, und eine Träne nach der andern rann ihre Wangen herab. Der Verlust des teuren Freundes war noch zu neu — der Schmerz ging zu tief; als sie ihm vor vier Wochen die Augen zugedrückt hatte, meinte sie zusammenbrechen zu müssen, und hielt sich doch mit Gewalt aufrecht, um Elsabethas willen.

Am Abend vor dem letzten, schweren Gang war sie in die Kapelle gegangen, Abschied von dem Manne zu nehmen, um deswillen ihr Leben ein einsames geworden war. „Hernach, Wolfgang, hernach“, flüsterte sie leise und drückte einen Kuß auf die wachsbleiche Stirne, und dann gelobte sie an seinem Sarge noch einmal, wie schon an seinem Sterbebett, seine Kinder aufzuziehen nach seinem Willen und in seinem Sinn.

Da rauschte leise ein Frauengewand hinter ihr — Elsabetha!

Stumm tauchten ihre Blicke ineinander: „Vernichtetes Glück in drei, vielleicht in vier Menschenleben“, sagte die Schloßfrau in tiefster Bitterkeit.

In plötzlichem Verstehen schaute Hildegund sie an, unsägliches Mitleid stieg in ihr auf. Sie nahm ihre beiden Hände — „Meine arme Elsabetha!“

Diese ließ den Kopf einen Augenblick an Hildegunds

Schulter sinken und schluchzte trocken auf. Doch dann richtete sie sich rasch wieder empor: „Laß, Hildegund! Es geht alles vorüber. Wir litten ja alle. Aber nun die Kinder!" Sie stockte ein wenig, und das Mädchen zitterte vor dem, was kommen sollte.

„Elsabetha", bat sie rasch, „erfülle jetzt noch Wolfgangs letzte Bitte! Tue es, ich bitte dich innig darum."

„Nimmermehr, Hildegund! Rede nicht davon! Ich bin mit seiner Bestimmung einverstanden. Allerdings, hätte er die Kinder jemand anders übergeben, so hätte ich ihn übers Grab hinaus gehaßt! Nun aber – dir gönne ich sie."

Unfähig zu antworten, umschlang Hildegund sie innig. „Komm oft zu mir", bat sie endlich, „und bleibe immer längere Zeit."

„Solches kann ich heute noch nicht versprechen", erwiderte Elsabetha leise, „glaube mir, es wird mir nimmer leicht."

Lange standen sie schweigend am Sarge Wolfgangs, jede von den widerstrebendsten Gefühlen bewegt, endlich gingen sie.

Etliche Tage nach dem Begräbnis fuhr Hildegund mit den Kindern ab, und Elsabetha bezog in Laasphe das Haus, das sie von ihrem Ohm geerbt hatte.

Hildegund beugte den Kopf tief auf die Hände. Wie anders war doch ihr Leben geworden, als sie es je gedacht hatte, aber welch köstlichen Inhalt hatte es bekommen durch die ihr anvertrauten Kinder des geliebten Mannes. Wie war sie so glücklich und froh darüber! Weithin kündete die Uhr von St. Elisabeth die Mitternacht, und der Wächter blies laut das Weihnachtslied Doktor Luthers. Mit dankbewegtem Herzen aber sprach Hildegund leise:

„Nun lob', mein' Seel', den Herren,
was in mir ist, den Namen sein;
sein' Wohltat tut er mehren,
vergiß es nicht, o Herze mein . . ."

ERLÄUTERUNGEN

Der Name Marburgs taucht verhältnismäßig spät, erst gegen 1122, in Urkunden als Stadt auf. In der Christenheit des ganzen Erdkreises bekannt wurde Marburg durch die heilige Elisabeth, die nach ihrer Vertreibung von der Wartburg hier zwei Jahre lebte, starb und im St.-Franziskus-Hospital beigesetzt wurde. Elisabeths Grab wurde der Ausgangspunkt der ganzen ferneren städtischen Entwicklung und zugleich die hauptsächlichste Nahrungsquelle für Marburgs Bewohner. Die Fürsten der Stadt, die Landgrafen von Hessen, hielten sich mit Vorliebe auf der stolzen, schönen Burg auf luftiger Höhe auf und führten ein gar geselliges Leben mit den Vornehmen und Patriziern der Stadt. Dazu wimmelte es in Marburg vor der Reformation von Klöstern, Kirchen und Kapellen, Ordens- und Brüderschaften, und der Prior der Dominikaner, der Guardian der Franziskaner und der Landkomtur des Deutsch-Herren-Ordens spielten gewichtige Rollen in der Stadt.

Die politische Verfassung Marburgs war vom Landesherrn gegeben und konnte jederzeit geändert werden. Das Schöffenkolleg und der Rat mit den Ratvierern richteten alles gemeinschaftlich aus. Zünfte und Gemeinde wurden durch die Bürgerglocke zur Beratung auf den Kirchhof gerufen.

Der Biedenkopf wird in einer Urkunde als Burg zuerst 1296 genannt. Doch sind Schloß und Stadt wohl sehr viel älteren Datums, denn schon 1283 erscheint ein Ritter Heccehard als Burggraf. Die von Breidenbach haben die meisten Burggrafen dem Biedenkopf gegeben. Um 1528 wird als letzter Burggraf Hermann Rumpf genannt. Später wurde Biedenkopf verpfändet, und Wilhelm von Sayn, Graf von Wittgenstein erhielt es. Diesem folgte Anton von Bersabe, dann löste es Landgraf Philipp wieder ein. Von da an blieb Biedenkopf in unmittelbarem Besitz der Landgrafen. Wann die Burg zerstört wurde, ist nicht genau festzustellen.

Wer Marburg besucht, sollte nicht versäumen, den Abstecher nach Stadt und Schloß Biedenkopf zu machen. Es ist so schön dort oben, daß es niemand gereuen wird.